清华大学美术学院
Academy of Arts & Design, Tsinghua University

（原中央工艺美术学院）

简　史

院史编写组　编

清华大学出版社

北京

图书在版编目（CIP）数据

清华大学美术学院（原中央工艺美术学院）简史/清华大学美术
学院院史编写组编.—北京：清华大学出版社，2011.4
ISBN 978-7-302-25339-6

Ⅰ.①清…　Ⅱ.①清…　Ⅲ.①清华大学美术学院—校史　Ⅳ.① J-40

中国版本图书馆CIP数据核字（2011）第055190号

责任编辑：宋丹青
整体设计：彭　璐
责任校对：王凤芝
责任印制：王秀菊
出版发行：清华大学出版社　　　　　　　地　　址：北京清华大学学研大厦 A 座
　　　　　http://www.tup.com.cn　　　邮　　编：100084
　　　　　社　总　机：010-62770175　邮　　购：010-62786544
　　　　　投稿与读者服务：010-62776969，c-service@tup.tsinghua.edu.cn
　　　　　质　量　反　馈：010-62772015，zhiliang@tup.tsinghua.edu.cn
印　装　者：清华大学印刷厂
经　　销：全国新华书店
开　　本：170×240　印　张：15.5　字　数：193 千字
版　　次：2011 年 4 月第 1 版　　印　次：2011 年 4 月第 1 次印刷
定　　价：42.00 元

产品编号：042061-01

《清华大学美术学院（原中央工艺美术学院）简史》
编委会

主任：李当岐　郑曙旸

主编：杭　间

编委（按姓氏笔画为序）：

王明旨　冯远　卢新华

刘巨德　李功强　李当岐

张京生　何洁　何燕明

尚刚　杭间　邹欣

赵萌　郑曙旸　鲁晓波

前　言

　　清华大学美术学院建院至今已走过55个春秋,从1956年11月1日至1999年11月20日是中央工艺美术学院的43年,而后则是并入清华大学作为美术学院的12年。

　　中央工艺美术学院作为中国第一所高等设计艺术院校,汇集了当时全国最优秀的美术教育家、民族民间艺术领域的杰出研究者和海外留学归来的艺术家、设计家。在此后的近40年里,中央工艺美术学院是中国设计艺术领域唯一具有独立建制的高等设计艺术院校,为新中国的社会主义经济和文化建设培养了数以千计的优秀人才。自加盟清华大学,更名为清华大学美术学院后,又开始了在综合性大学中发展艺术与设计学科的新篇章。同一学院的两个历史阶段,对于中国高等教育的发展同样具有划时代的开创意义。

　　2006年11月1日,在隆重庆祝建院50周年之际,经过学院院史编修组近一年的艰苦工作,在20世纪八九十年代形成的学院简史基础上,通过查阅文献、档案与访谈,搜集了大量鲜活的第一手资料,形成了以学术思想的寻绎为主线的《清华大学美术学院(原中央工艺美术学院)简史》征求意见稿。2008年春,为迎接清华大学建校一百周年,学校启动了校史编撰的工作,学院作为大学教学、科研、社会服务的主体,其历程成为校史重要的组成部分。又经过两年的努力,再次以各种形式多方面征求意见,数易其稿,最终成为摆在面前的这本《清华大学美术学院(原中央工艺美术学院)简史》。

《清华大学美术学院（原中央工艺美术学院）简史》的重点在于清晰描述学院20世纪的历史。这段中央工艺美术学院的历史，实则是新中国设计艺术与设计艺术教育的历史，虽然众多史实还需要经过认真研究才能定论。因此，留下准确的历史资料，成为这本院史所承载的主要任务。同样，这段历史也是学院精神与传统内涵集中显现的时期。学院的学术思想与优良传统能否薪火相传，取决于总结历史经验后办学理念认识水平的提高。

清华大学美术学院正处于关键的历史转折期，院史的出版成为我辈继承发扬传统、继往开来、发展创造的动力。在全球化的时代背景下转变观念，学院将以新的视角和创新意识迎接新的挑战，抓住历史发展机遇，不断深化教育教学改革，在学校跻身世界一流大学的战略目标下，为建设成为世界著名美术学院而努力奋斗！

清华大学美术学院常务副院长　郑曙旸

2011年1月24日

目 录

第一章

筹　建

　　20世纪上半叶的工艺美术教育与实践，为新中国工艺美术事业的发展奠定了基础。1949年新中国成立之初，随着国家政治经济建设的发展，工艺美术高等教育引起党和政府的重视。国家对工艺美术人才的迫切需求，成为中央工艺美术学院的筹建背景。一批早年就想通过实用美术救国的有识之士，志同道合，成为学院的创建者。1952年根据政府有关决策和全国院系调整的要求，中央美术学院华东分院实用美术系以及清华大学营建系部分教师并入中央美术学院实用美术系，此后三四年间开展了全国工艺美术调查、筹备展览、准备教材、培养师资等一系列建院筹备工作。

一、20世纪上半叶工艺美术教育及几位重要的艺术家

中国工艺美术具有悠久的历史和辉煌的成就。千百年来，传统工艺行业传授技艺的基本形式一直延续着师傅带徒弟、父母传子女的"艺徒制"。这种传承形式为我国工艺美术的继承与发展作出了贡献。19世纪末20世纪初，中国开始废科举，兴学堂，引进西方的教育制度，提倡科学教育，寻求教育救国的出路。有识之士陆续创办设有美术专业的讲习所、职业学校、师范学校，并开设手工课、工艺课和图案课。这些新科目成为中国现代工艺美术学校教育的萌芽。

1902年，李瑞清在南京创建了两江优级师范学堂，并于1905年率先设立图画手工科，课程设置有国画、用器画、手工、实用美术等。

1912年，南京临时政府教育总长蔡元培拟订了新教育宗旨，把"军国民主义、实利主义、德育主义、世界观、美育主义"列为国民教育五项宗旨。1917年，蔡元培提出"以美育代宗教"的社会理想与文化主张。与国计民生息息相关的工艺美术教育是美育的重要组成部分，"以美育代宗教"的美育救国思想，在20世纪上半叶中国工艺美术教育的立场与历程中，产生了深刻的影响。

1917年，北京政府教育总长范威廉采纳蔡元培等人的意见，筹划建立国立美术学校。1918年4月15日，我国历史上第一所国立美术学校国立北京美术学校（中央美术学院的前身）在北京成立。学校最初只办中专部，设绘画和图案两科。1919年，教育部批准国立北京美术学校升级为高等美术学校，本科设中国画、西洋画和图案三系。1922年正式定名为国立北京美

术专门学校。

1927年，蔡元培任南京国民政府大学院院长，积极推行"以美育代宗教"的主张，在全国开展艺术运动。大学院下设全国艺术教育委员会，林风眠任主任委员。11月，该会建议在长江流域设立艺术学院，并得到大学院批准。1928年3月26日，国立艺术院（中国美术学院前身）在杭州成立，林风眠任第一任院长，本科设国画、西画、雕塑和图案四系。学院的办学目的是团结全国的艺术家，一方面从事美育的理论宣传和艺术创作，一方面培养众多的青年艺术人才，把全国的艺术运动开展下去，达到以美育影响社会的最终目的。

1938年因抗战入川的李有行、沈福文、雷圭元、庞薰琹等在成都创办"中华工艺社"，表达通过发展实用艺术以振兴中华之意。1939年，四川省艺术专科学校（四川美术学院前身）在成都成立，李有行任校长，雷圭元任教务主任，庞薰琹任实用美术系主任。

20世纪上半叶，浙江两级师范学堂、浙江工业学校、上海美术专科学校、武昌艺术专科学校、苏州美术专科学校、广州市立美术学校（广州美术学院前身）等，也曾设图案课或染织、商业美术、陶瓷等工艺美术专业。雷圭元、陈之佛、庞薰琹、李有行、邓白、沈福文等老一辈工艺美术教育家，都曾在这些院校学习过或担任过教学工作。

在"五四"运动思想的影响下，20世纪开始就有一批有志青年胸怀爱国热情和教育理想，面向世界，奋发进取，力图发展我国的现代工艺美术。二三十年代，庞薰琹、雷圭元、郑可、李有行先后留学法国，陈之佛、祝大年、沈福文等留学日本，张光宇、张仃、叶浅予、丁聪、吴劳等在国内从事商业美术、漫画、装饰艺术创作，关注民间美术与工艺美术设计，他们从不同的着重点学习工艺美术。这批青年志士有相当一部分殊途同归，成为中央工艺美术学院的创建者。

庞薰琹是从现代绘画走向工艺美术的。1925年，19岁的庞薰琹赴巴黎留学，参观了国际装饰艺术博览会。他认识到"原来美术不只是画几幅画，生活中无处不需要美"。他以一个画家的眼光，感性、综合地接受了工业革命之后现代设计的成果，决定报考巴黎高等装饰美术学院，却因中国人的身份而被拒收。国格与人格的侮辱，使他决定献身祖国的工艺美术事业，要在中国办一所如巴黎高等装饰美术学院那样的学院。1946年，他在抗战胜利后回上海途中与教育家陶行知长谈工艺美术办学思想，他想要"创造一所学校，培养一批具有理想，能劳动，能设计，能制作，能创造一些美好东西的人才……要成立研究所，研究我国的传统工艺，

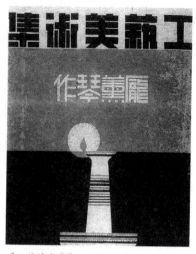

《工艺美术集》，庞薰琹著，1941年

《新图案学》，雷圭元著，1947年

研究各国工艺的情况，以及进行有关的理论研究工作和自己印刷一些著作和刊物。"这个"半工半读学校"的办学思想是全面的、超前的，它深受欧洲现代设计思想的影响，又与陶行知的生活教育理论不谋而合，被庞薰琹自称为"乌托邦"。这次谈话的设想，日后成为庞薰琹创办中央工艺美术学院的思想基础。

雷圭元一生致力于图案的教育和研究。应该说明的是，20世纪初期的"图案"概念有着以Design（设计）为主要内

《西游漫记》，张光宇设计，1945年

1951年，莱比锡国际博览会的中国馆展台背景，右坐者为总设计师张仃

容的广阔含义。1923年，他考取北京国立美术专门学校图案科，1927年毕业留校任教。1929年，他自费留学法国巴黎，热中于当地传统工艺——漆艺和蜡染，从法国传统工艺中看到工艺的美和文化意义。1940年，他在四川省立艺术专科学校任教务主任和图案教授，进行图案分科教学。1945年回杭州国立艺术专科学校任实用美术系主任。1947年，雷圭元的《新图案学》被中华民国教育部评为唯一的"部定大学用书"。他在《新图案学》中指出，"图案事业，是文明社会新兴事业之一种。它是产生于近代生活方式，达到美——快乐、和善——适用的要求的具体表现。"他的理想是：作为近代应用艺术和应用科学结合的图案艺术，必将提高人生和审美伦理的价值，成为与文明进步合二为一的神圣事业。这决定了他在以后的图案教学和研究中，始终坚持工艺美术对生活的改善和对人的教化作用。

张光宇是自学成才的装饰艺术家，一生涉猎舞台美术、漫画、插图、书籍装帧、装饰绘画、壁画、动画、广告设计、家具设计、字体设计等众多领域。早年曾在上海以演新戏闻名的京剧戏院"新舞台"学画布景，并对京剧的人物形象、脸谱、服饰、唱腔、功架等艺术处理发生兴趣。他融合江南民间

艺术特色，借鉴由鲁迅
介绍到中国的墨西哥壁
画与苏俄和德国版画，
形成"至性在真"和
"装饰得无可装饰便是
拙"的装饰艺术观，立
志做"新时代的民间艺
人"。他的装饰不是纯
形式，而是结合情感表
达和强化自然的艺术手
段。20世纪30—60年
代，他作为《时代漫

桂林光复纪念碑（局部），郑可设计，20世纪40年代

画》的主创人员，创作了《紫石街之春》、《龙女》、《民间
情歌》、《西游漫记》、《大闹天宫》等一大批著名的装饰艺
术作品。他的装饰艺术思想、创作风格及美学趣味对学院的教
学、创作、设计产生了重要影响。

张仃早年就是综合艺术与设计的艺术家，艺术生涯跨越
漫画、装饰绘画、壁画、展示设计、动画电影、邮票设计、国
画、工艺美术教育等诸多门类。1932年，考入私立北平美术
专科学校国画系，并开始创作针砭时弊的漫画。20世纪30年
代，他深受张光宇等时代图书公司艺术家群体的影响，在上海
等地从事漫画创作，形成富有民族民间风格和现代意识的装饰
艺术。1938年到延安后在鲁迅艺术学院任教的同时，从事解放
区许多著名会议和展览的装饰艺术设计。1946年，在哈尔滨主
编《东北画报》、《农民画刊》。新中国成立后，他主持中央
美术学院实用美术系，参与全国政协会徽、国徽、国际博览会
中国馆等一系列重大设计。张仃强调从学习民族民间艺术和提
倡新的装饰艺术观出发，发展工艺美术教育。

1930年，郑可进入法国国立高等美术学院学习雕塑，

《展览艺术设计》，人民美术出版社，吴劳著，1958年

并在巴黎市立装饰美术学院学习家具设计、染织、陶瓷、金属工艺等。他在留学法国前，先在广东省立工业专门学校上学，受过金工、木工等技术训练。20世纪30年代曾两度赴德参观包豪斯的展览，比较推崇包豪斯思想，毕生关注艺术与技术的结合。

20世纪30年代初，祝大年分别在杭州国立艺专和北平国立艺专学习绘画与雕塑。1935年，受蔡元培推荐赴日学习陶瓷艺术，深受日本传统复兴派陶艺家富本宪吉、北大鲁山人的影响。20世纪40年代，他在重庆、上海等地从事陶瓷坯釉研究和日用瓷、建筑瓷的试验及生产，投身于民族工业的复兴，形成了独特的装饰艺术思想和创作风格。

吴劳1934年以后先后就读苏州美专高中部、杭州国立艺专雕塑系。1938年，到延安鲁迅艺术学院美术系学习。1939年到晋察冀边区，在华北联合大学美术系任教。1943年调回延安陕甘宁晋绥联防军总政治部宣传部美术组，进行展览设计和美术创作。1945年回到华北联大文艺学院美术系任教，从事年画的创新工作。1949年初随解放军进驻北平，在军管会华北大学美术工作队工作，随后负责华北大学美术供应社（后为中央美术学院美术供应社），为国内外大型展览、会议、广告、纪念章等进行设计。1956—1957年，在中央美术学院主持展览设计专修班，从编写教材到授课实践，培养了数十位新中国第一代展览艺术设计人才，并于1958年出版新中国第一本展览设计专著《展览艺术设计》，对展览设计进行系统的理论总结。

二、新中国经济建设对工艺美术的需求

1949年7月2日，在中华人民共和国成立前夕，中华全国文学艺术工作者代表大会在北平召开。大会确立了毛泽东主席提出的"为人民服务"的文艺方针。中共中央在发给大会的贺电中说："我们中国是处在经济落后和文化落后的情况中。在革命胜利以后，我们的任务主要地就是发展生产和发展文化教育。人民革命的胜利和人民政权的建立，给人民的文化教育和人民的文学艺术开辟了发展的道路。我们相信，经过你们这次大会，全中国一切爱国的文艺工作者，必能进一步团结起来，进一步联系人民群众，广泛地发展为人民服务的文艺工作，使人民的文艺运动大大发展起来，藉以配合人民的其他文化工作和人民的教育工作，藉以配合人民的经济建设工作。"配合经济建设工作，成为文艺工作的重要内容。

由于工艺美术与国计民生紧密相关，新中国成立初期国家经济建设对工艺美术的需求十分迫切，尤其在争取扩大出口换外汇方面，传统工艺美术具有优势。1951年6月，全国合作社联合会举行第一次全国手工业生产合作会议。会议明确了发展手工业合作社的方针，即"走向社会主义方向，发展的道路由个体到集体，由手工到半机械化而机械化，由小生产过渡到大生产。"1953年1月，我国发展国民经济的第一个五年计划开始执行。工艺美术生产得到恢复和发展，全国工艺美术的从业人员、年产值和出口换汇值逐年递增。1952年换汇900万美元，1956年就增加到2800万美元，四年时间涨了三倍多。工艺美术生产的发展对工艺美术教育提出了更高更迫切的要求。

三、新中国成立初期的工艺美术高等教育及
几项重要的工艺美术设计

新中国成立后，工艺美术高等教育开始得到重视与发展。1949年9月，华北大学文艺学院美术系与北平国立艺术专科学校合并，同年6月成立的华北大学美术供应社亦并入北平国立艺术专科学校，隶属于学校领导，由吴劳负责。11月2日，经中央人民政府批准，国立北平艺术专科学校更名为国立美术学院。1950年1月，中央人民政府政务院批准国立美术学院更名为中央美术学院，并于4月1日举行成立典礼。学制定为三年，设绘画、雕塑、图案、陶瓷四科。叶麟趾任陶瓷科主任，叶浅予任图案科主任。同年，图案科、陶瓷科改为实用美术系，并设陶瓷、染织和印刷三科。

1951年9月，中央美术学院华东分院副院长江丰从杭州调回北京，任中央美术学院副院长。学院组织结构略有调整，其中张仃任实用美术系主任，教师有张光宇、郑可、祝大年、周令钊、徐振鹏、夏同光、郑乃衡、刘凌仓、田世光、陈若菊等。美术供应社由张仃、吴劳负责，下设美术工厂和证章工厂，美术工厂设图案股、绘画股、肖像股、雕塑股、工务股（含印染组和缝纫组）。1952年6月，美术供应社因"三反运动"解散，证章工厂从美术供应社分出成立北京证章厂；美术供应社改称展览工作室，吴劳、杨伯达任正、副主任，设办公室、美术科、展览科、总务科，由中央美术学院院办管理（但不管业务）。1955年，展览工作室归属文化部艺术局，吴劳、杨伯达任正、副主任。

1949年6月7日，杭州市军事管制委员会任命倪贻德等为军代表接管杭州国立艺术专科学校。9月，浙江军事管制委员

全国政协会徽，张仃设计，1949年

国徽石膏模型，高庄制作，1950年

会任命刘开渠为校长，倪贻德为第一副校长兼任研究室主任，江丰为第二副校长兼党组书记。庞薰琹任教务长，郑野夫任总务长，莫朴任绘画系主任，雷圭元任实用美术系主任，刘开渠任雕塑系主任（兼）。实用美术系教师有邓白、柴扉、顾恒、程尚仁、袁迈、柳维和、田自秉等。1950年11月，中央文化部决定杭州国立艺术专科学校改名为中央美术学院华东分院，隶属中央美术学院领导。

1951年，梁思成、林徽因在清华大学营建系主持成立工艺美术研究小组，高庄、常沙娜、钱美华、孙君连、吴良镛等曾在此工作。林徽因还带领学生深入民间作坊调查研究，从制胎、掐丝、点蓝等工序开始，跟老师傅熟悉流程。在林徽因的指导下，工艺美术组还为景泰蓝设计了一批具有民族风格的新颖图案，突破了以往单调的荷花、牡丹图，使景泰蓝成为传统工艺在新中国最早进行改造的品类之一。

中央工艺美术学院成立前，许多艺术家从新中国成立之初，就全身心地投入到一系列国家重大的工艺美术设计活动中。他们为共和国的形象赋予了清新、刚健、庄重的内涵。

1949年7月2日在北平召开了中华全国文学艺术工作者代

1954年，建国瓷斗彩餐具，祝大年设计

表大会，任教于国立杭州艺术专科学校的曹思明（后为中央工艺美术学院教授）设计了会徽，这枚会徽纪念章成为中央美术学院证章工厂的第一批产品。1949年9月21—30日，中国人民政治协商会议第一届全体会议在北平举行，张仃设计了中国人民政治协商会议会徽、第一届全国政协会议纪念邮票、开国大典纪念邮票。

国旗设计者是上海华东合作事业管理局的曾联松。因开国大典急需，1949年9月，中央美术学院美术供应社贺嗣昌应用网格绘制国旗图样，缝纫组刘芬、赵文瑞、齐惠玉、傅丽英手工缝制新中国第一面五星红旗。此后经多次实验，美术供应社印染组程之彦、腾凤谦、李恩源发明"拔染法"，在红色绸面上漂白、印染黄色五星，实现国旗的批量化生产，且效果比手工缝制的更轻便、鲜明。

国徽设计是以张仃、张光宇、周令钊等人为主的中央美术学院实用美术系和由梁思成、林徽因主持的清华大学营建系共同设计、集体完成的。1950年6月23日和28日，全国政协一届二次全体会议和中央人民政府委员会第八次会议分别讨论通过国徽图案。同年7—8月，时任清华大学营建系教授的高庄完善了国徽图案造型，并设计、制作了国徽模型。1950年国庆节，天安门装饰设计增加了重要组成部分——毛主席像东西两侧的绿框木结构大

人民英雄纪念碑碑侧上部浮雕"光辉永照"，邱陵设计，1958年

1950年国庆前夕在天安门城楼上悬挂国徽，右一为张仃

标语（后改为白框金属结构）。大标语由张光宇、张仃设计，曹肇基书写、监制，中央美术学院美术供应社制作。

新中国成立之初，政务院副总理兼中央教育委员会主任郭沫若向中央政府建议，组织建国瓷生产，作为国家庆典用瓷。1950年10月，建国瓷设计委员会成立，文化部副部长郑振铎任主任委员，江丰、张仃任副主任委员，中央美术学院实用美术系陶瓷科的祝大年、郑可、梅健鹰任设计委员会委员，庞薰琹、雷圭元、徐振鹏、郑乃衡负责设计与监制工作，并委托江西景德镇烧制。1954年新中国成立五周年大庆前，以祝大年为主设计的以青花和斗彩为基本装饰形式的建国瓷如期完成。

1949年9月30日，全国政协第一届全体会议通过了在天安门建立人民英雄纪念碑的决议。1952年5月10日，由17个单位组成的人民英雄纪念碑兴建委员会成立，北京市长彭真为主任，郑振铎、梁思成为副主任。6月19日，美术工作组成立，刘开渠任组长，滑田友、张松鹤任副组长，郑可、张仃被聘为组员。1953年8月17日，装饰组成立，由邱陵负责。邱陵设计了碑体侧面由红星、松柏及胜利旗帜组成的"光辉永照"装饰浮雕及碑体纹饰。1958年5月1日，人民英雄纪念碑建成揭幕。

四、学院的筹建

随着国家经济建设的发展和一系列国家重大设计活动的开展，工艺美术事业受到党和政府的重视，社会和学校都发出了创办工艺美术学院的呼声。1951年，周恩来总理在检查建国瓷工作时说："我国是世界上人口最多的国家，有悠久的文化，工艺美术有光辉的艺术传统。我们又是多民族国家，各民族都有自己的民族工艺，对工艺美术要进行全国性的调查，要关心艺人的工作和生活，要成立工艺美术学院，要培养不同专业的工艺美术设计人才。"

周总理的讲话，使时任中央美术学院华东分院教务长兼绘画系主任的庞薰琹增强了创建工艺美术学院的信心。1952年4月，他带着建院方案专程到北京与江丰、华君武商量办院设想。他的努力得到了中国美术界领导及文化艺术界的普遍支持。

1952年，中国学习苏联的教育体制模式，进行全国高

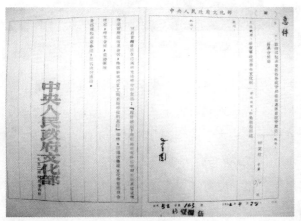

1952年4月26日，中央人民政府文化部请华东军政委员会文化部转告中央美术学院华东分院实用美术系与中央美术学院实用美术系合并，作为将来成立工艺美术学校的基础

1952年8月21日，《中央美术学院华东分院为实用美术系迁并中央美术学院实用美术系所附的教员名单》

（北京展览馆）（原苏联展览馆）大
门，奚小彭设计，1953年

北京展览馆电影大厅天顶，温练昌、常沙娜设计，1953年

等院校院系调整。在此契机
下，3月24日中央美术学院致
函文化部，建议将中央美术
学院华东分院实用美术系迁
京与中央美术学院实用美术
系合并，作为将来成立工艺
美术学院的基础。文化部将
建议函转政务院文教委员会
核示。4月，政务院文教委员
会批准同意合并。

北京饭店大宴会厅装饰，奚小彭设计，1954年

　　1952年10月，根据全国院系调整要求，中央美术学院华
东分院实用美术系建筑组22名学生并入同济大学。同时，上海
美术专科学校22名学生合并到中央美术学院华东分院实用美术
系。1952年底至1953年初，中央美术学院华东分院实用美术
系合并到中央美术学院实用美术系，庞薰琹、雷圭元、柴扉、
顾恒、程尚仁、袁迈、柳维和、田自秉、温练昌、程新民等教
师北上北京，并带来大量工艺美术图书资料。同时，清华大学
营建系部分教师也并到中央美术学院，其中调到实用美术系的
教师有高庄、常沙娜。合并后，张仃任实用美术系主任，雷圭

中央美术学院实用美术系收集、临摹、整理、编辑的新中国成立后第一批传统图案教材，1953年
人民美术出版社出版

元任副主任，庞薰琹任实用美术系研究室主任。

1953年，实用美术系组织人员收集、临摹、整理传统图案，编辑出版了新中国成立后第一批专题性质的传统图案教材：《中国锦缎图案》、《敦煌藻井图案》、《北京皮影》，由人民美术出版社出版，成为图案教学中的主要内容。此时，温练昌和常沙娜接受建筑工程部和文化部的委托，先后参与了苏联展览馆电影馆（今北京展览馆电影馆）装饰雕塑及音控彩画拱顶设计和首都剧场装饰设计。

1953年上半年，由中央文化部组织领导，通过各省文化局，实用美术系全体教师对全国民间工艺美术做了普遍调查和搜集整理工作，同时筹备首届全国民间美术工艺品展览会，他们在实践中得到充实和提高。这项工作对了解全国工艺美术现状，开展工艺美术教育和研究，培养师资，均产生了积极的影响，为中央工艺美术学院的建立奠定了基础。

1953年12月7日至1954年1月6日，首届全国民间美术工艺品展览会在北京劳动人民文化宫展出。刘少奇、周恩来、朱德等党和国家领导人先后参观了展览。周恩来总理非常重视这次展览，观看展览时再次强调："我们要办工艺美术学院，要从小到大逐步发展，要结合生产，要关心人民生产的需要，要学习先进技术。"这个指示对工艺美术学院的建立，对民族传统的认识、办学方向等均产生了重要影响。文化部邀请陈之佛、

考察东欧工艺美术回国后，雷圭元编辑匈牙利、捷克斯洛伐克工艺美术品选集；袁迈编辑罗马利亚、保加利亚工艺美术品选集；人民美术出版社，1958年出版

沈福文等在南方的艺术家和各地著名的民间艺人来京参观，交流经验，并与在京的庞薰琹、雷圭元、张光宇、张仃、祝大年、郑可等举行了座谈。

1954年初，实用美术系改为工艺美术系，庞薰琹任系主任，并设立工艺美术研究室，庞薰琹、雷圭元任正副主任。此时，实用美术系暂停招生，全力投入研究工作。研究室的主要任务是"联系实际，改进工艺，培养师资，准备教材"，为筹建工艺美术学院做必要的各项准备。

同年，为打开我国工艺品的外销出路，同时对外介绍中国民间工艺的艺术成就，文化部筹备了4个规模相同的中国工艺美术展览会，由庞薰琹带队到苏联，雷圭元带队到捷克斯洛伐克、匈牙利，吴劳带队到波兰、民主德国，袁迈带队到罗马尼亚、保加利亚举办展览，并对苏联及东欧各国的工艺美术教育及研究工作进行调查研究。他们带回了有关工艺美术教育的资讯，对学院的专业设置、课程安排、招生办法等，均有重要的参考作用。雷圭元和袁迈回国后还编了4册有关匈牙利、保加利亚、捷克斯洛伐克、罗马尼亚的工艺美术品选集，1958年由人民美术出版社出版。作品集较为全面地介绍了4国的工艺美术，为中外工艺美术交流起到了积极的作用。

与此同时，工艺美术系先后选派青年教师出国留学，以培养师资。1954年，选派李葆年赴苏联穆希娜工艺美术学院学习

三大勋章（八一勋章、独立自由勋章、解放勋章），周令钊、陈若菊设计，1955年

元帅服，张光宇主持，周令钊、温练昌、常沙娜、陈若菊共同设计完成，1955年

装饰雕塑。1955年，选派王学东赴捷克斯洛伐克学习玻璃工艺。1956年，选派白崇礼、邱承德赴捷克斯洛伐克分别学习服装设计和书籍装帧设计，选派朱济辉赴波兰学习装饰壁画。

1955年，接受国家有关中国人民解放军实行授衔制度的设计委托，由张光宇主持，周令钊、温练昌、常沙娜、陈若菊共同设计完成了元帅服，周令钊、陈若菊设计了三大勋章（八一勋章、独立自由勋章、解放勋章）。

1955—1956年，工艺美术系恢复本科招生，开设两个专修班，培训展览设计和染织设计方面的干部。1955年，第一次接受两名波兰籍的本科留学生，分别学习染织和陶瓷，接受保加利亚籍万曼为染织系研究生（20世纪90年代，万曼成为具有国际影响的纤维艺术家）。

1955—1956年，工艺美术研究室编绘出版了《图案的组织：牡丹花的写生和应用举例》、《民间染织刺绣工艺》、《民间雕塑工艺》、*Indigo prints of China*（《中国蓝印花布》，英文版）等系列教材，丰富了当时的工艺美术教学，同时在对外文化交流中起到了积极的作用。

1956年3月5日，毛泽东主席在听取中央手工业管理局和中华全国手工业合作总社筹备委员会汇报手工业工作情况时说："手工业要向半机械化、机械化方向发展，劳动生产率必须提高。""提高工艺美术品的水平和保护民间老艺人的办法很好，赶快搞，要搞快一些。你们自己设立机构，开办学院，召集会议。"这些指示直接促成了中央工艺美术学院筹备委员会的成立。

1955—1956年，由中央美术学院工艺美术研究室编绘的教材《图案的组织：牡丹花的写生和应用举例》、《民间染织刺绣工艺》、《民间雕塑工艺》由朝华出版社出版，*Indigo prints of China* 由外文出版社出版

4月25日，高等教育部、文化部、中央手工业管理局、中央美术学院共同成立了中央工艺美术学院筹备委员会。文化部副部长刘芝明任主任，委员有邓洁、谢邦选、陈叔亮、朱丹、蔡若虹、江丰、庞薰琹、雷圭元、吴劳、刘鸿达。筹备会决定，在成立中央工艺美术学院的同时，成立中央工艺美术科学研究所，归中央手工业管理局领导。4月30日，为强调国家在社会主义建设时期对于艺术干部的迫切需要，文化部、高等教育部、中央手工业管理局、中华全国手工业合作总社筹委会联衔送呈国务院关于调整建立中央工艺美术学院等院校的报告。同月，根据中央手工业管理局和中华全国手工业合作总社党组的决定，研究所开始筹建。

1956年，吴劳（左）、谢邦选（右）在学院筹建会上

5月，中央工艺美术学院筹备委员会设立筹备委员会办公室，由学院代表庞薰琹、中央手工业管理局代表谢邦选、文化部代表吴劳三人具体负责筹建工作，由中央手工业管理局副局长邓洁总负责。筹备委员会先后召开三次会议，讨论机构设置、院务委员会条例和人事配备等问题。由于经费和校舍问题，文化部建议在无锡试办，庞薰琹则坚持在北京建院，邓洁、谢邦选、吴劳积极推动解决学院成立急需的校舍、物资、经费等。中央手工业管理局干部学校提供了阜成门外白堆子75号的一座楼房，中华全国手工业合作总社筹委会提供30间宿舍和一个汽车房。校舍暂定在阜成门外白堆子75号。

第二章

初　　创

　　1956年，国家基本实现了对农业、手工业、资本主义工商业的社会主义改造，提前完成第一个五年计划的主要指标，整个社会朝气蓬勃。在这样的背景下，中国第一所工艺美术设计高等院校——中央工艺美术学院在北京成立了。

一、中国第一所工艺美术设计高等院校的诞生

1. 办学方针与建院典礼

　　1956年5月21日，国务院批准了文化部、高等教育部、中央手工业管理局、中华全国手工业合作总社筹委会联合呈报的建立中央工艺美术学院的报告："在中央美术学院工艺美术系的基础上，由文化部与中央手工业管理局和中华全国手工业合作总社合作，在北京建立一所中央工艺美术学院。中央工艺美术学院行政上归中央手工业管理局和中华全国手工业合作总社领导，业务方针上归文化部领导。"并指出："学院的方针任务是：培养具有马克思列宁主义基础，精通专业知识，掌握熟练的技能，全心全意为建设社会主义服务的各种高级的工艺美术设计专门人才。"6月21日，国务院第四十二次会议任命邓洁兼任院长，雷圭元、庞薰琹任副院长。

　　8月9日，中央工艺美术学院筹备人员由中央美术学院搬到阜成门外白堆子75号。校舍为临时借用，只有一座三层楼房。为解决用房不足，新建了一排16间设有天窗的基础课教室和一个简易的试验工场。

　　9月，中央工艺美术学院正式开学。10月，中央工艺美术学院筹备委员会宣布结束筹备工作。11月1日，举行中央工艺美术学院建院

1956年11月1日，中央工艺美术学院成立典礼会场

典礼。院长邓洁主持大会，并宣布国务院的有关批文。文化部副部长钱俊瑞、高等教育部副部长曾昭伦和纺织工业部、轻工业部、中央手工业管理局、中国美术家协会、中央美术学院等有关领导及美术家、民间艺人、知名人士到会祝贺。

副院长庞薰琹在会上做了主旨讲话，详细介绍学院的方针任务、筹备情况、组织结构和人员情况。他谈到学院的方针任务时说："我国工艺美术具有悠久的历史，不论是生活日用品或艺术陈设品，对美化人民生活和丰富人民感情都有很大作用。随着社会主义建设的发展，人民物质文化生活的逐步提高，国家和人民对工艺美术品的需要日益增加，工艺美术教育事业也必须相应地向前发展。工艺美术学院所培养的学生应该是具有一定的马列主义思想水平和艺术修养，掌握工艺美术创作设计及生产知识与技能，全心全意为社会主义服务的专门人才。"

院长邓洁在讲话中指出：学院的成立是适应国家社会主义建设，满足广大人民需要，开展国际和平运动、文化交流和经济合作不可缺少的重要工作。学院培养的人才必须理论结合实际；今后要大力开展科学研究工作，总结民间艺术家的创作经验，继承和发展祖国传统艺术；并使教学结合生产实践，和生产部门密切配合。

文化部副部长钱俊瑞致辞说："中央工艺美术学院的成立，不仅是文化艺术事业的一件大事，同时也是国家经济建设的一件大事。"高等教育部副部长曾昭伦指出："工艺美术学

1956年11月1日，中央工艺美术学院成立典礼合影

院虽然主要不是学习生产过程，但必须熟悉和掌握生产知识，这是与一般美术学院不同的特点。"最后，中央文史研究馆副馆长叶恭绰与中央美术学院院长江丰也在会上做了讲话。会后，来宾参观了中央工艺美术学院师生作品展览会。

从此，定11月1日为中央工艺美术学院院庆纪念日。

2. 教学和教辅机构的设置

学院成立时，设染织、陶瓷、装潢设计三个系和绘画、共同课两个教研室。其中，染织系、陶瓷系、装潢设计系由原中央美术学院工艺美术系染织科、陶瓷科、印刷科扩大而成。柴扉任染织系主任，祝大年任陶瓷系主任，袁迈任装潢设计系代主任。当时，有教师36人，其中教授5人，副教授4人，讲师12人，助教15人。在校学生94人，其中1955级染织系和陶瓷系本科生23人（含留学生2人），1956级染织、陶瓷、装潢三个系本科生62人（含留学生1人、试读生1人），研究生5人（1955级3人，1956级1人，1956级留学生1人），另有中南美术专科学校图案组4名学生并入本科二年级。其中，本科生学制5年，研究生学制2年，进修生学制1~2年。

1956年冬，学院第一个研究班"丝绸艺人创作研究班"在白堆子校园结业

　　建院初期，染织系专业课程设置有棉麻、毛丝、人造纤维纺织品的印染图案设计，柴扉、程尚仁、温练昌、常沙娜、黄能馥、李绵璐等为图案基础和专业设计教师，田世光为工笔花鸟画教师。陶瓷系专业课程设置有陶器、日用瓷、美术瓷设计等，祝大年、郑可、梅健鹰、郑乃衡、张守智、金宝升等为专业基础和专业设计教师，顾丁茵是陶瓷试验室工艺、材料教师，吴祖德、翁智达、潘文卜是实验员。装潢设计系专业课程设置有包装、广告、招贴、书籍装帧设计等，张光宇、袁迈、邱陵、柳维和、陈若菊、袁运甫为装饰基础和专业设计教师。

　　绘画教研室承担各系素描、色彩等基础课教学。张振仕、韩问、林乃干、周成镳、谷嶙、李学淮、权正环为素描教师，郑炯灶为色彩教师。共同课教研室承担全院工艺美术史论、文化、体育等共同课教学。田自秉、王家树担任工艺美术史论教学，吴达志教外国美术史课，陶如让教俄语课，杨子美、罗慕云、潘其添、徐荠生教马列主义基础课，黄美华、谭瑞钧教体育课。

　　1956年，郑可从香港购置设备积极筹建金工专业，因政治运动于1957年停止筹备工作。1957年，学院将原设置的室内装饰教研室提升为室内装饰系，并首次招收学生。徐振鹏任系代主任（无正式系主任），顾恒、徐振鹏、奚小彭、罗无逸、谈仲萱、程新民、梁任生任专业教师，专业课程有制图（含投影、透视、渲染）、建筑构造、专业图案、家具工艺与

1957年11月院庆，装潢系师生在白堆子校园合影

设计、灯具用材与设计、居住建筑室内设计、公共建筑室内设计、室内装饰风格史等。

校办工厂是学院教学的重要辅助机构。学院成立时，染织系和陶瓷系分别设有印染工厂、陶瓷工厂。1958年，增设地毯厂、木工厂、丝网印厂、活字印刷和石版印刷厂。各工厂都有师傅和技术人员负责管理和指导学生实习，并进行小批量的样品生产。

图书资料和实物资料是学院从事教学，进行科学研究的重要物质基础。学院成立时，图书馆有图书6000册，实物资料室有实物资料2792件。其中，部分实物是1953年12月在劳动人民文化宫举办的首届全国民间美术工艺品展览会的展品。经邓洁争取，中华全国手工业生产合作总社拨给学院30万元作为研究费和资料费，为学院图书馆的发展提供了资金。图书馆以专业性较强为特点，不仅收藏涵盖工艺美术各专业的图书，还有品类丰富的实物资料。建馆初期馆藏的专业图书和实物资料都来自中央美术学院实用美术系。图书与实物资料对教学起到了重要的作用。

为了适应国家和社会对工艺美术的多种需求，学院采用多种办学形式：短训班、进修班、研究班、中专班，接受各地工艺美术生产、设计及研究人员学习基础理论及总结创作经验，提高艺术水平。其中，第一个研究班是1956年10月举办的丝绸艺人创作研究班。1959年，为了继承泥塑艺人张景祜、面塑艺人汤子博的技艺，招收15名泥塑、面塑专业三年学制的中专学生。1959年，招收全国各出版社书籍装帧设计人员40人，成立"书籍装帧进修班"。

3. 成立学院党支部和院务委员会

1956年12月，学院召开了建院后的第一次党员大会，选举产生了学院党支部，邓洁任书记。当时共有26名党员。1957年2月，王景瑞任学院党支部副书记兼副院长。

1957年3月，为"加强学院领导，克服工作中主观主义和官僚主义，更好地发扬民主、发挥全体教职工的积极性与创造性，改进教学与科学研究工作和行政管理工作，认真贯彻集体领导原则"，学院成立院务委员会。邓洁任主任，委员有雷圭元、庞薰琹、王景瑞、柴扉、祝大年、袁迈、徐振鹏、张光宇、郑可。院务委员会的职责是：①审查并批准学院学年学期教学与科学研究工作计划和总结；②审查并批准学校全年预决算；③讨论并决定学校重大调整机构事项；④讨论并决定系主任、处（科）长的任免事项；⑤审查并批准师资与科学研究人才的培养计划；⑥根据高等教育部有关规定，讨论学术学位的授予问题；⑦审查并批准学校各种重要规章制度；⑧讨论教学和科学研究工作及其他工作中的重大问题。

4. 校址搬迁

1957年9月，拟将原北京农业大学校址调给中央工艺美术学院。当时考虑多方意见，没有搬迁。后由轻工业部调配坐落在建国门外獐鹿房（现为光华路）的橡胶设计院旧址为学院的新校址。1958年9月13日，学院搬迁到新址。此后40余年，学院的校址一直在光华路，校园建设逐步发展。

二、办学方针之议与学院归属问题

1. 不同的办学方针

如何具体贯彻国务院1956年6月批准的"培养具有马克思列宁主义基础，精通专业知识，掌握熟练的技能，全心全意为建设社会主义服务的各种高级的工艺美术设计专门人才"的办学方针，学院的领导及教职员工存在不同的意见。在如何办学的问题上，当时有三种看法。

（1）从全国手工业生产和手工艺品销售的角度，认为学院的办学方针应适应国家经济建设的需要，学院应是作坊形式，师傅带徒弟，培养的学生直接为手工业生产服务；理论结合实际，专业教学密切结合生产；向民间艺人学习，改进民间手工艺，指导民间工艺美术生产。

（2）接受欧洲综合设计的思想，强调艺术与科学的结合，认为工艺美术是文化艺术事业，生活是创作设计的源泉；强调民间的工艺美术品，不能忽视现代工业品的美术设计；工艺美术的发展应该面向现代生产，面向大众，为广大人民的衣、食、住、行服务。

（3）强调继承和发展民族民间装饰艺术，认为学院应以装饰美术家为主导，培养富有民族情感，坚持民族化的艺术道路，能从事装饰美术高级阶段艺术创造的设计人才。

1957年，在办学思想和学院领导关系问题上逐渐产生分歧。4月，庞薰琹起草了《关于怎样办中央工艺美术学院的建议》，认为"学院的任务应是培养工艺美术的创作设计人才，要使学生对我国民族民间艺术的传统进行系统的学习，并有所心得体会，这是学习工艺美术必须具有的基本知识；要使学生具有精确而熟练的描绘对象的技巧，这是设计工作方面必须具备的技术基础；要使学生在基础中掌握图案的原理法则，同时能够举一反三灵活地运用和变化，这是创作方法上必须具备的技术基础；要使学生通过各项专业学习，从开始就不断地、循序渐进地培养和提高艺术修养和审美能力，并掌握专业的科学理论和技能；要使学生通过生产实践，熟悉我国固有的技术传统并掌握近代新的特质材料的处理和生产技术；要学习其他国家的先进经验。"他的主张得到学院大部分专业教师的支持。

2. 学院隶属关系的问题

在学院的隶属关系方面，以庞薰琹、柴扉、郑可、祝大年、袁迈为代表的教学人员认为：自建院以来，行政上归手工业管理局领导，业务上归文化部领导，实际情况是行政领导成为统一领导，文化部的业务领导空有其名，形同虚设；而生产部门不懂工艺美术，不懂高等艺术教育，对办学是外行；强调工艺美术是文化艺术事业，主要为美化人民生活服务，应该由文化部统一领导；如果由生产部门领导则会改变学院性质，容易产生片面性和本位主义。

1957年3月，中共中央在北京召开有党外人士参加的全国宣传工作会议。毛主席着重讲了知识分子问题、准备"整风"问题和加强党的思想工作问题，继续强调贯彻"百花齐放、百家争鸣"的方针。4月27日，中共中央发布《关于整风运动的指示》。5月，全党开展整风运动，发动群众向党提出批评建议。

5月12日，在党的"整风"运动期间，庞薰琹在《人民日报》发表题为《跟着党走，真理总会见太阳》的文章，剖析中央工艺美术学院领导关系和办学方针的问题，不同意把中央工艺美术学院办成手工艺作坊，认为特种手工艺虽是需要的，但是"工艺美术主要的是应该为人民的日常生活服务"；主张"中央工艺美术学院应该由文化部来领导"。

庞薰琹：《跟着党走，真理总会见太阳》，《人民日报》，1957年5月12日

5月，《工艺美术通讯》第7期发表了《关于工艺美术事业的几点建议》一文，提出关于工艺美术事业的10条建议，以供国务院、文化部、美协等部门参考。其中，

关于中央工艺美术学院和中央工艺美术科学研究所的领导关系的问题，要求国务院考虑学院和研究所整顿的具体措施，建议将研究所并入中央工艺美术学院，成立研究室。逐步创造条件，积累经验，向正式成为一个由文化部领

光华路校园教学楼鸟瞰（1984年拍摄）

导的研究所过渡。庞薰琹、郑可、柴扉、祝大年、袁迈、徐振鹏等36人在建议上签名。这10条建议比较客观地列举分析当时工艺美术教育、科研、生产、管理存在的问题。以庞薰琹为首的一批教师，还提出"院长民选，教授治校"民主办校的建议。

5月20日，学院移交文化部统一领导。虽然，学院的领导关系已随上述建议与呼吁改为文化部领导，但是继而开始的"反右"运动使这种学术分歧上升为政治斗争，《关于工艺美术事业的几点建议》被划为"反党言论"，签名者受到或轻或重的处理。

6月8日，中共中央发出《关于组织力量准备反击右派分子进攻的指示》。随后，全国进行大规模的"反右"运动。7月1日，学院开始"反右"运动，错误地批判"以庞薰琹为首的反共小集团"。1958年2月13日，经过半年多的"反右"斗争，庞薰琹、柴扉、祝大年、何燕明、刘守强、田自秉等6名教师被划为"极右分子"，郑可、余武章、顾恒、袁迈、张道一（当时为南京艺术学院来院进修教师）等5名教师和戴宗轸、黄维中、刘芳春、崔国信、吕廷华等5名学生被划为"一般右派分子"。随着"反右"运动的严重扩大化，学院染织、陶瓷、装潢设计三个系的主任被划为"右派分子"，绝大多数

教学中的党团员受到不同程度的处分。其中，庞薰琹被撤销副院长职务，下放到装潢设计系当普通教师。

"反右"运动时间之长、打击面之大，使学院的教学力量遭到严重削弱。

三、从中央工艺美术科学研究所到
中央工艺美术学院研究室

1. 研究所的机构设置

中央工艺美术学院成立的同时，由中央手工业管理局和中华全国手工业合作总社筹办的中央工艺美术科学研究所也成立了。庞薰琹兼任所长，丘堤任副所长，何燕明任秘书。研究所设有两个委员会：①美术委员会，"负责艺术思想的领导和艺术水平的提高"；②科学委员会，"负责技术改进和成品检查"。另设有理论研究室（田自秉负责）、刺绣研究室（吴淑生负责）、服装研究室（周燕丽负责）、家具研究室（谈仲萱负责）、陶瓷研究室、金工研究室（郑可负责）、民族民间工艺调查研究组和张景祜泥塑工作室、汤子博面塑工作室。

2. 研究所的任务

研究所当时明确的任务是"改进工艺，提高创作质量，美化人民生活"。任务具体如下：①研究利用新的材料和生产方法，创造新的工艺品种和工艺装饰方法，设计、创制示范作品，领导和改进工艺美术的生产；②进行关于工艺技术方面的咨询；③系统地收集、整理和研究民族民间的工艺，整理民间艺人的经验，发扬民族传统，研究、介绍外国工艺的成就，出版各种专门著述，推陈出新；④负责编辑有关工艺美术的书刊；⑤帮助工艺美术学校培训技术干部；⑥在开始阶段，负责提供部分生产的设计工作。

3. 研究所并入学院，改为研究室

1957年2月，为使科学研究工作与教学工作相互配合，并加强中央工艺美术科学研究所的业务领导，中央手工业管理局和全国手工业合作总社党组决定将中央工艺美术科学研究所划归中央工艺美术学院领导，设备、资料及结余的21万元经费，留研究所继续使用。6月，研究所并入学院后，改为研究室。研究室的人员，可根据需要调到各系教研组任教。此时，吴劳由中央美术学院调来学院，负责研究室。

研究室的工作方针和任务是：①系统地整理和研究民族艺术的传统，吸取外国的先进经验，进行创作和研究，逐步解决工艺美术创作和科学技术上的一些主要问题；②配合学院各个专业的教学，通过示范性的创作和专题的学术研究，提高教学质量；③逐步地、有计划地把各项专业研究成果提供给某些生产单位加以复制和推广。

4. 三种工艺美术刊物的创办

中央工艺美术学院和中央工艺美术科学研究所的建立，对促进工艺美术的理论建设和创作实践均有积极作用。工艺美术高等教育的实施与理论研究，需要交流与探讨的平台，因此创办工艺美术刊物被及时地提到日程上来。建院初期先后创办有三种工艺美术刊物。其中，由中央工艺美术科学研究所创办的《工艺美术通讯》和《工艺美术参考资料》是工艺美术内部刊物，由中央工艺美术学院创办的《装饰》是公开发行的工艺美术刊物。

1956年8月，为适应工艺美术事业发展的需要，中央工艺

《工艺美术参考资料》第1期，
1957年1月出版

《工艺美术通讯》第1期，1956年
10月5日出版

美术科学研究所《工艺美术通讯》编委会提出《关于创办"工艺美术通讯"的计划》。9月，《工艺美术通讯》由研究所创办，主要参与编辑的有何燕明、田自秉、王家树、刘守强、张道一等人。10月5日，《工艺美术通讯》第1期出版，为32开本。暂为内部刊物，以赠阅方式给工艺美术工作者、教育工作者、有关工艺美术科学研究的工作者、各地工艺美术生产单位和其他美术单位及同仁。《工艺美术通讯》主要报道全国各地和国外的工艺美术事业活动情况；交流创作、研究和教学的经验，讨论工作中的问题，反映来自基层群众的要求和意见。"内部刊物"既有试办之意，又有交流之意。《工艺美术通讯》曾有计划地组织工艺美术性质、工艺美术事业领导关系、工艺美术创作风格等问题的讨论。1957年6月30日，《工艺美术通讯》因为"反右"运动停刊，共出版了8期。

为改变当时工艺美术界因缺少足够的资料而影响学习和研究的状况，研究所理论研究室结合自身工作，编印了工艺美术内部资料《工艺美术参考资料》。为便于读者的保存和装订，《工艺美术参考资料》以25开本活页形式排印。它是一种文字资料，主要搜集散见于国内外报章、杂志和学术论著中关于工艺美术方面的著作（国外的以翻译苏联为主，主要译者为陶如让等），以及一些专家在研究工作中写成的笔记、文摘。1957年1月，第1期《工艺美术参考资料》出版。5月，由于"反右"运动《工艺美术参考资料》停刊，共出了10期。

1958年9月5日，工艺美术双月刊《装饰》杂志创刊，张光宇任主编。这是当时全国唯一的工艺美术综合

当时唯一的工艺美术刊物《装饰》创刊号，1958年9月5日出版

性学术刊物，对中国现代工艺美术的发展产生了深远的影响。《装饰》杂志的编辑委员有邓洁、安性存、沈从文、沈福文、李有行、吴劳、徐振鹏、陈之佛、陈万里、陈叔亮、张协和、张谔、张光宇、张仃、梅健鹰、程尚仁、杨士惠、雷圭元。张仃、张光宇、吴劳任执行编委，责任编辑是王家树、邱陵、梁之（梁任生）。9月5日，第1期《装饰》由人民美术出版社出版，为大12开本，《装饰》刊名由张光宇设计，封面由张仃设计。封面四面旗帜上"衣、食、住、行"的图形，成为学院办学方向的高度概括，是学院50年来创作、设计学术方向的象征。《装饰》第1期的印数是2500册，第2期增加到20 000册，可见当时工艺美术界对工艺美术刊物的迫切需求。

《装饰》以学术研究为重点，图文并茂地报道工艺美术展览、会议、协会、生产等动态，反映工艺美术教学与工艺美术研究成果。专栏和专辑是《装饰》杂志重要的办刊特色。专栏方面既有学术性较强的"工艺美术座谈"专栏，又有时效性较强、报道内容广泛的"工艺美术动态"专栏，还有富于指导

性的工艺美术图书资讯以及言简意赅的"封面说明"。《装饰》还以专辑的形式，先后对四川、福建、江苏等工艺美术较为发达的地区进行较为全面的介绍和研究。而且，每一期《装饰》还对相关问题进行集中而深入的探讨，并配以系统而精致的图片说明。《装饰》对全国工艺美术创作、教学、生产等存在的问题进行深刻而公正的批评，并指出发展之路和改进方法，影响广泛。1961年5月，《装饰》出版12期以后，因国家经济困难、纸张供应不足而暂时休刊。

四、"反右"后领导层的调整和恢复教学秩序

1. 领导层的调整

"反右"运动开始后，随着庞薰琹等一批院系的主要专业领导和教师被划为"右派"，有关方面对中央工艺美术学院的领导层作了重新调整。1957年10月，陈叔亮从文化部教育司、张仃从中央美术学院调来，同雷圭元一起担任副院长，并实行领导分工制度。邓洁仍为院长，雷圭元、张仃主管教学，陈叔亮兼学院党支部书记主管党政工作和共同课教学，同时调整各系的领导班子。染织系改由程尚仁负责，陶瓷系改由梅健鹰负责，袁迈负责装潢设计系，徐振鹏负责室内装饰系，吴劳负责研究室，雷圭元兼管图案教研室，张振仕负责绘画基础教研室，杨崇恺负责教务科。1958年2月，李曙明来院任专职党总支副书记。团总支升为团委，朱瑞琛任团委书记。

1958年12月，院务委员会进行调整，邓洁任主任委员，委员有雷圭元、陈叔亮、吴劳、张光宇、程尚仁、徐振鹏、梅健鹰、郑乃衡。1959年7月，院务委员会又进行委员调整，邓洁任主任委

员，雷圭元、张仃任副主
任委员，委员有田世光、
史志吉、李曙明、吴劳、
郑炯灶、袁运甫、陈叔
亮、徐振鹏、梅健鹰、程
尚仁、张光宇、张景祜、
温练昌、姚发奎。10月，
各系建立系务委员会和班
主任制。

1963年，刘鸿达(左一)、陈叔亮(左三)陪同印尼代表团参观学院

　　1961年7月，学院
成立党委，刘鸿达任党委书记，陈叔亮任党委副书记。学院党
委对"反右"运动中被错划为"右派"的教师和学生进行了重
新核查，根据中央政策摘掉了部分被错划的"右派"帽子。此
后，刘鸿达、陈叔亮、雷圭元、张仃四位院领导为学院的稳步
发展作出重要贡献。

　　1965年2月9日，文化部副部长李琦召集第一轻工业部、
第二轻工业部、纺织工业部、建筑工程部、商业部、对外贸易
部、化学工业部及学院的有关负责人，成立中央工艺美术学院
院务指导委员会，制定院务指导委员会的章程，并对学院今后
的工作提意见。院务指导委员会共有10名委员，文化部徐平羽
为主任委员，第二轻工业部胡明、学院党委书记兼副院长刘鸿
达任副主任委员。院务指导委员会的主要职责是：指导学院正
确地贯彻执行"教育为无产阶级政治服务，教育与生产相结合
的教育方针和为工农兵服务、为社会主义服务"的文艺方针；
使学院的事业计划，与有关各部门对工艺美术人才的实际需要
能够密切配合；使学院的教学，能够更好地做到理论与实际相
联系。院务指导委员会所代表的各有关部门，协助学院解决教
育与生产、劳动相结合的有关问题。

2. 频繁的政治运动与"劳动锻炼"

1958年，全国掀起教育革命运动。年初，文化部党组书记、副部长钱俊瑞到学院动员开展勤工俭学活动。3月3日，为贯彻教学结合生产、勤俭办校、勤工俭学的方针，完成在年内全部生产自给的任务，学院院务会讨论决定成立中国工艺美术社，学院师生员工均为社员。中国工艺美术社的主要任务是：对内领导勤工俭学和组织全院人员进行劳动生产；对外承接各种有关产品的花色品种设计和陶瓷、印染、印刷等加工订货。"勤工俭学"成了运动，虽然它扩大了社会联系，并使学生初步接触了劳动生产，但同时又影响了基础课教学和正常的专业课教学。但是，中国工艺美术社后来未实行。

"勤工俭学"开展不久，学院又顺应国家号召转向全国性的"大跃进"、大炼钢铁，进一步打乱了正常的教学秩序。1958年5月，党的八大二次会议通过"鼓足干劲，力争上游，多快好省地建设社会主义"的总路线。以装潢系师生为主，学院70余名师生在短短两天集体创作了一套70张（初稿250张）的"总路线"、"大跃进"彩色宣传画，并于7月参加在中山公园举行的北京市"高等学校红与专展览会"。人民美术出版社将这批宣传画全部印刷出版发行，印数多达168万份，在全国产生巨大影响。

1959年，出现了"反右倾"的错误斗争。副院长、党总支书记陈叔亮，由于撰写《为了美化人民的生

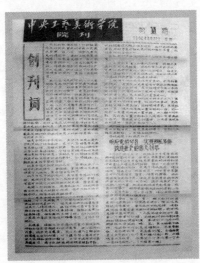

1960年3月31日创刊的《中央工艺美术学院院刊》

活》一文，批评工艺美术设计和生产中存在的浮夸现象，被定为"右倾典型"受到批判。反右倾斗争使"左"的思潮继续蔓延。

从1959年到1960年上半年，文艺界开展批判修正主义与资产阶级艺术遗产的运动。教师和学生普遍没有思想

1958年2月，学院欢送18位教职工（"十八罗汉"）下放劳动

准备，多数人对这次运动所批判的对象持不同的看法。这场运动使不少学生对人类文化史及美学思想认识模糊。

1960年3月31日，受"大跃进"形势的影响，在学院党总支和院务委员会的直接领导下，由院长办公室编印的《中央工艺美术学院院刊》作为内部半月刊创刊，报道学院的政治学习、教学成果和工艺美术创作实践活动。6月停刊，共出4期。

在"大跃进"的几年中，由于浮夸风和连续的自然灾害，师生生活面临困难。学院决定重点保护老教授、老专家，同时采取积极的措施，为全院师生增加一定的营养。由于上下齐心协力，共渡难关，学院的教学和日常工作得以正常进行。

下放劳动和下乡下厂深入基层、体验生活，是当时锻炼培养师生的重要措施。1957年12月至1958年12月，学院部分教职工参加修治十三陵水库的劳动，另有18位教职工到北京市昌平县温泉乡白家瞳村进行"干部下放劳动"，这是学院"反右"后具有政策性的措施。1959年师生参加了北京西山植树劳动。1961年，学院实行轮流下放劳动锻炼制度，教职工带领学生先后在北京东坝、北郊、密云水库、河北保定田庄参加农业生产劳动。

1963—1965年，学院组织三批师生共600多人次，先后参加了北京昌平、河北邢台、江苏昆山等地农村社会主义教育"四清"运动（即清理账目、清理仓库、清理财物、清理工分）。在运动中，学院师生与当地农民同吃、同住、同劳动，得到了课堂教育以外的收获。

3. 学院隶属关系的改变

1958年学院下放北京市领导。1960年8月25日，文化部根据新的形势，更多地从全国需要出发，报请中央批准将1958年下放北京市领导的中央美术学院、中央戏剧学院、中央工艺美术学院、北京电影学院、中国戏曲学校、北京市舞蹈学校6所艺术院校重新划归文化部直接领导和管理。学校党的工作，仍归北京市委领导。9月29日，根据中央宣传部批示，文化部规定中央工艺美术学院的行政工作和教学工作由文化部和轻工业部共同领导。10月20日，文化部和轻工业部经协商，对领导中央工艺美术学院的协作与分工进行规定。学院的行政工作，包括事业计划、招生计划、人事、毕业生分配、财务、基建、设备等，由轻工业部领导与管理，文化部配合（关于教学干部的配备，由两部共同解决）；学院的教学工作，包括教学思想、教学计划、教学内容和方法、教学制度以及与教学有关的重大社会任务等，由文化部领导和管理，轻工业部配合。

1961年11月4日，由于中央手工业管理总局已恢复，根据中央工艺美术学院性质，决定由轻工业部和文化部共同领导的中央工艺美术学院改由中央手工业管理总局和文化部共同领导。

1964年7月3日，学院党委副书记兼副院长陈叔亮致函周扬和林默涵，讨论学院的领导关系。陈叔亮指出由于学院的领导关系长期未能合理解决，已经在工作上带来不利影响。文化部考虑艺术教育问题较多，中央手工业管理总局则常常单纯地从手工业生产角度出发考虑问题，又不了解学院情况，因此，常常彼此互相牵制，互相推诿。由于文化部是直接掌管和贯彻中央文艺方针的部门，并且设有专管艺术教育的机构——教育司，因此，他希望学院全部划归文化部领导。10月30日，国务院下发了《关于中央工艺美术学院全部划归文化部统一领导和管理问题》的批文。12月24日，中央手工业管理总局和文化部举行了交接会议，学院代表陈叔亮参加了会议。会议决定学院筹建工艺美术系（班），主要为中央手工业管理总局培养工艺美术设计人才和中等工艺美术学校的骨干教师。12月底，中央手工业管理总局和文化部完成交接工作。1965年1月1日起，学院由文化部统一领导和管理。

4. 贯彻新的国家文艺方针与教育方针

1957年7月22日，全国艺人代表大会在北京召开。会议总结新中国成立以来工艺美术工作的成绩和经验，进一步明确工艺美术要继续贯彻执行保护、发展和提高的方针，提出爱护老艺人、提高他们的技艺、大力培养新生力量、加强创作设计人员以及艺人、工艺美术工作者和科学技术人员三结合的具体政策和措施。会议陈列了代表们的2388件工艺美术作品。院长邓洁邀请并陪同中共中央副主席朱德接见全体代表，并观看代表作品。

从1960年下半年开始，根据中央提出的"调整、巩固、充实、提高"的方针和关于坚决压缩城市人口、精减职工的指示，各地文化行政部门着重在压缩机构，精减职工，调整布局，提高质量以及改变国家对文化事业负责和

1957年7月，邓洁（右）陪同朱德（中）、康克清（左）参观全国工艺美术艺人代表会议代表作品

管理过多的状况等方面，进行了许多工作。1961年3月，为贯彻党的"调整、巩固、充实、提高"方针，学院开始恢复教学秩序，提高教学质量。

此时，国家重新调整制定新的文艺方针与高校工作条例。1961年8月，中宣部召开全国文艺工作座谈会，通过了《关于当前文学艺术工作的意见（修正草案）》（简称"文艺十条"）。1961年9月，中共中央批准试行庐山工作会议上通过的《教育部直属高等学校暂行工作条例（草案）》（简称"高教六十条"）。1962年4月，文化部党组和文学艺术界联合会党组发布《关于当前文学艺术工作若干问题的意见（草案）》（简称"文艺八条"）。学院认真执行新的国家文艺方针与教育方针，进一步改善教学条件，提高教学水平。

5. 专业设置与教学方针的更改

1957年10月，装潢设计专业与室内装饰专业合并为装饰工艺系，由徐振鹏负责，但仍保持两个专业的教学体制。1958年上半年，吴劳任装饰绘画系主任，设商业美术、书籍装帧、装饰画（后改为壁画）三个专业工作室；恢复室内装饰系设置。同年，陶瓷系设陶器科、瓷器科、雕塑科。

1959年，学院调整教学方针与专业设置，进一步明确培养目标。学生毕业后，由国家统一分配至全国各地轻工业、纺织工业工厂、印刷出版单位、美术设计公司等，明确职责为6亿人民生活需要的衣着、日用器皿、家具、文化用品、书籍装帧、商品包装、室内装饰等方面的设计工作。一部分毕业生作为地方工艺美术学校的师资或者留校继续深造。在教学上，贯彻党的教育为无产阶级政治服务，教育与生产劳动相结合的方针，采取课堂教学、车间实习、下乡、下厂、科学研究相结合的方针，继承和发扬我国工艺美术的优良传统，结合现代科学技术创造性地传授知识。1960年，缘于学院参与首都十大建筑装饰设计，回应社会的需求，室内装饰系更名为建筑装饰系。

1962年8月31日，中央工艺美术学院根据国家计委、教育部的通知，对高等学校通用专业目录中三个工艺美术专业提出修改意见，以"美术"一词统一专业名称。①"建筑装饰"建议改为"建筑美术"。理由是该专业内容包括建筑装修、室内陈设布置、家具设计等项，比较广泛，不仅是建筑装饰问题，"建筑美术"一词比较概括，而且"装饰"一词有"附加的"、"外在的"词义，对于专业内容不够贴切。②"日用美术设计"建议改为"实用美术"或"应用美术"。理由是该专业内容包括各种日用工业品的美术设计，通过掌握图案法则，培养一般的设计能力，但不限于某种工业品，"实用美术"一词沿用旧名，能够概括其内容。③"漆器"建议改为"漆器美术"，理由是单纯提出"漆器"易与一般漆器的工艺制作或非工艺美术品的概念相混淆，加"美术"就更为明确。

1962年7月，张景祜主持的泥塑工作室、汤子博主持的面塑工作室于1959年招收的15名三年学制的中专学生结业。1962年10月15日，为了集中力量办好五年制大学，学院决定两个工作室停止招生。汤子博由于年事已高退休。1963年1月，为使张景祜的艺术有更多的机会和广大群众见面，调张景祜及其弟子郑于鹤到北京市特种工艺工业公司研究所工作。

6. 文化学院、北京艺术学院部分师生的加入

1961年9月，根据教育部和北京市委关于北京地区高等学校调整的建议，文化部所属文化学院停办，其印刷工艺系由中央工艺美术学院作为附属专业接办，其中包含一年级学生39人，教学和行政人员30人。该系的教学方针、招生和毕业分配、干部配备、实验设备等，由文化部负责安排；其日常性的教学、行政工作，由学院统一领导和管理。

1964年1月，北京艺术学院因在调整中被撤销，美术

系卫天霖、吴冠中、阿老、白雪石、俞致贞、张秋海、陈缘督、殷恭瑞、吴保东9名教师（中国画教师3名，油画教师5名，其他业务干部1名）及一年级25名学生转调到中央工艺美术学院。他们的到来加强了学院美术方面的师资。

五、工艺美术创作设计实践

1. 20世纪50年代首都"十大建筑"装饰设计

为了迎接国庆十周年，北京从1958年年底开始兴建新中国成立以来首批十座大型建筑，称为"十大建筑"。1958年11月11日，为完成在首都兴建的"十大建筑"美术设计任务，由文化部、轻工业部、中国美术家协会举办的首都国庆十大建筑美术工作会议在北京召开。中宣部副部长周扬和文化部副部长钱俊瑞作了动员报告，与会的全国美术工作者精神振奋，情绪激昂，愿为划时代的伟大工程贡献自己的力量。

1958年12月，在院务委员会的领导下，学院组成75人的"十大建筑"装饰设计工作队，其中教师17名，高年级学生58名，留校上课的师生作为后援。工作队由副院长雷圭元领衔，根据工作需要把建筑装饰、装饰壁画、陶瓷、染织等不同专业的师生分为6个工作组，参加人民大会堂、中国革命和历史博物

人民大会堂宴会大厅前厅，奠小彭设计，1958—1959年

馆、民族文化宫、钓鱼台国宾馆、中国人民革命军事博物馆、民族饭店等建筑工程的部分装饰设计工作。

室内装饰系承担了人民大会堂内的山东、云南、山西、甘肃、辽宁、陕西、北京等厅的室内装饰设计及顾问工作。参加设计的有奚小彭、徐振鹏、罗无逸、谈仲萱、崔毅等。在这次重大设计任务中，我院师生表现了较强的设计能力，做出了显著的成绩。其中，人民大会堂作为重点工程，专门组织我院奚小彭、常沙娜、崔毅配合北京设计院完成大会堂宴会厅的重点装饰设计，奚小彭、常沙娜等设计的人民大会堂顶灯

人民大会堂万人大会堂天顶灯饰及室内设计，奚小彭设计，1958—1959年

人民大会堂宴会厅天顶灯饰，常沙娜设计，1958—1959年

及宴会厅顶部图案及其他装饰图案，为使装饰设计的民族形式完美融入建筑整体设计做出了示范。北京厅（118厅）室内设计、装饰、家具、陈设、灯饰、织物等的设计制作，在当时副市长吴晗直接领导下，由雷圭元副院长、教师奚小彭、学生何镇强历时三年多完成。

人民大会堂柱头和墙楣，柱头由崔毅设计，墙楣由常沙娜设计，1958—1959年

中国革命历史博物馆门厅铜饰，温练昌设计，1958—1959年

陶瓷美术系1955级与1956级同学完成了人民大会堂宴会厅大型中西配套陶瓷餐具的设计并参加监制生产，参加设计与监制生产的有梅健鹰、郭万隆、张守智、金宝升等教师及高年级学生。同时，1956级陶瓷组还参与历史博物馆和革命博物馆建筑装饰装修设计与监制，指导教师为金宝升。

染织美术系完成了人民大会堂、民族文化宫、军事博物馆等的部分建筑装饰设计，人民大会堂主席台、北京厅与钓鱼台国宾馆的地毯设计及人民大会堂的丝织窗帘、锦罗绒沙发面料设计。参加设计的有程尚仁、温练昌、常沙娜、李绵璐、黄能馥、朱宏修及1955级学生崔栋良、李骐、李永平、陈圣谋等。

装饰绘画系于1959年和1960年先后组织全系师生到海南、云南、贵州、广西、四川、宁夏、甘肃、新疆、黑龙江、西藏等地，深入生活，采风搜集创作素材，完成了民族文化宫

中国革命历史博物馆门廊装饰,罗无逸设计,1958—1959年

和人民大会堂西藏厅、宁夏厅的装饰画和壁画的创作工作。参加创作的有张仃、张光宇、吴劳、邱陵、袁迈、柳维和、张振仕、周成镳、袁运甫、张国藩、朱济辉、陈汉民及汪钰林、卢德辉等1956级、1957级学生。

学院师生进驻工地，日以继夜进行紧张的装饰方案设计工作，

1959年1月，美术装饰设计第二轮学院师生与北京市建筑设计院工作同志在中国革命博物馆、中国历史博物馆工地合影

完成大量草图，方案经过优选后继续深入推敲，绘制施工图，审核施工大样。参与建筑装饰、室内装饰、灯具、家具、屏风、成套餐具、茶具、壁画、地毯、沙发面料、窗帘等设计工作，共完成设计正稿1430件。负责陶瓷、染织、装潢等工作的师生分别下厂制作。

对于"十大建筑"工程，毛主席提出"中国老百姓所喜闻乐见的中国作风和中国气派"的艺术标准，周总理更是对设计工作始终给予极大关注和具体指导。他看了学院的设计后

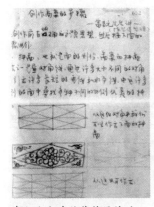

参加十大建筑装饰设计时，雷圭元题为《创作图案的步骤》的讲座内容整理稿，陈圣谋整理

参加十大建筑装饰设计时，奚小彭《有关建筑装修、室内设计工作的一般问题》的讲座发言稿

张镈关于《人民大会堂的设计思想》的讲座内容整理稿，张世彦整理

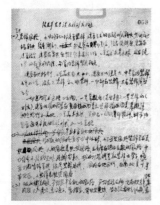

学院参加十大建筑装饰设计时，张光宇关于民族形式问题的讲座内容整理稿，李永平整理

1959年1月3日，周令钊题为《民族宫的建筑装饰》的讲座内容整理稿，梁启凡整理

1958年12月2日，顾恒关于建筑装修基本知识的讲座发言稿

说："一切要为人民着想，一切是为了人，不是为了建筑物的表面装饰。要使今天的人看了舒服，使用方便。我们不是盖宫殿，我们是为今天的人民设计。装饰要朴素、大方、平易近人。少而精，不要多而溢。古今中外，所有精华，皆为我所用"。他还对人民大会堂的万人大礼堂提出具体指示："这个礼堂既要能开会，又要能演戏；既不要像资本主义的议会，又不要像大剧院，更不宜像大宫殿"，希望设计出一个台上台下

打成一片，天水一色的大会堂。因此，学院师生在代表国家形象的建筑装饰设计中努力寻求现代功能与民族形式的融合，"古为今用，外为中用"，与建筑师、使用单位、施工单位、技工师傅精诚合作，教学相长、互相渗透、互相推动；在建筑装饰设

1959年国庆十周年，艺术院校领导人在天安门前合影，左起：吴印咸、赵沨、李伯钊、沙科夫、章明、钟敬之、陈叔亮、齐速、张仃、雷圭元

计中从使用出发解决问题，避免复杂烦琐，加强尺度观念和整体意识，推陈出新，创造了简洁明快、朴素大方的时代感。今天，十大建筑宏伟壮丽的气势，端庄大方的民族风格及其所凝结的崇高乐观的时代精神，依然是一个时代的光辉典范。由于十大建筑代表了当时中国建筑的最高水平，对于学院而言这是一次高层次的实践机会，不仅培养了师资队伍，而且锻炼了一批学生。

1959年10月1日，为庆祝新中国成立十周年，宣传我国工艺美术十年来的成就，广泛交流创作技艺经验，促进工艺美术创作和生产事业的进一步发展，不断提高产品的价值和艺术质量，由中央轻工业部和全国手工业合作总社联合举办的全国工艺美术展览会在北京故宫午门展出。展览会规模较大，包括刺绣、织锦、印染、编织、陶瓷、漆器、金属工艺、玩具、雕塑等3500余件展品。11月10日，《人民日报》发表雷圭元的评论文章《和人民生活息息相关的展览》。

1960年2月，由文化部和教育部联合召开的全国艺术教育工作会议在北京举行，82位工艺美术代表还在会后举行全国工艺美术工作会议。张仃参加了全国艺术教育工作会议，并在

会上作题为《党的总路线和教育方针的胜利——中央工艺美术学院师生参加首都十大建筑工程的一些体会》的发言，进一步总结学院参加十大建筑装饰设计工作的经验，并在3月10日的《人民日报》发表同名文章。

2. 专业创作、设计与实践

自建院开始，陶瓷美术教学坚持教学与生产的结合，先后与河北邯郸、江西景德镇、浙江龙泉、广东石湾等地的陶瓷厂合作，为恢复发展我国传统陶瓷（磁州窑青花、粉彩单色釉和龙泉青瓷、石湾颜色釉、结晶釉）作出了贡献。

从1959年开始，学院受北京市委组织部的指示，每年国庆节和"五一"国际劳动节，派部分教师到游行总指挥部和分指挥部参加美术设计工作。学生每年都是国庆节游行文艺大军和文艺大军仪仗队的重要组成部分。

1961年11月4日，学院举行建院五周年大会，院长邓洁发表讲话，副院长陈叔亮作庆祝建院五周年的报告。报告总结了建院五周年以来的教学结合生产的成果：染织美术

1961年11月4日，陈叔亮在庆祝建院五周年大会上作报告

1961年11月4日，建院五周年大会会场

系设计了大量的丝绸、棉织品纹样，其中有110种投入生产，有些远销海外。陶瓷美术系设计了建国瓷、国家用瓷、十大建筑、国际列车用瓷等共计1147套，其中10％投入了生产。1958年，陶瓷美术系师生还完成波兰驻中国大使馆10幅现代陶瓷多彩釉壁画的烧制工作。建筑装饰系（原室内装饰系）参与了十大建筑装饰设计、中国美术馆建筑外立面装饰及室内家具设计、国际列车内部装饰设计、大连造船厂万吨远洋轮舱房内部装饰设计等，设计图纸共计1200余张。装饰绘画系创作了壁画、邮票、商标、宣传卡及书籍装帧共300余件，其中完成了为政协设计的20米壁画草稿和国际书籍展览封面及旅行社广告设计；创作了一批宣传画，由人民美术出版社出版；还协同其他系进行王府井一条街的橱窗设计及布置活动。其他如泥塑工作室、面塑工作室也创作了不少为群众所喜爱的新作品。为了结合一定的政治形势教育，配合国内外重大事件的政治宣传，5年来各系师生先后创作宣传画、漫画稿共计800余幅。

3. 采风与调查

　　学院一贯强调艺术来源于生活，重视为师生的创作设计

1960年，张仃（左）带领梁任生、李绵璐（中）、黄能馥（右）在云南采风

1961年，染织系教师在新疆采风，左起为朱军山、温练昌、李永平、常沙娜

1964年，学院学生成绩流动展到农村征求意见

提供条件，积极培养青年教师，有计划、有目的地进行采风与调查。

1959—1961年，学院组织各专业教师深入生活"采风"。装饰绘画系先后组织师生到西南地区深入生活、搜集创作素材，在张仃、张光宇等的主持下，重视民族民间传统，形成独特的装饰风格。染织系教师常沙娜、李绵璐、黄能馥等深入敦煌莫高窟，临摹服饰纹样，温练昌、常沙娜、朱军山、袁杰英、李永平到新疆维吾尔族地区收集民间染织图案，奠定了染织系教学继承发展传统和民间文化艺术的基础。室内装饰系教师赴山西考察古建筑装饰。陶瓷系到磁州窑等传统窑区调查研究。采风成果曾以不同形式展出，反响热烈。所有这些为以

后形成的重视传统和民间艺术
的风气，在传统的基础上推陈
出新起到了重要作用。

1959年3月25日，中国
美术家协会组织美术调查小
组，于4—5月在上海、杭州、
西安、北京等地调查艺术教
育、出版、国画、工艺美术的
情况。其中工艺美术小组的成
员有中央工艺美术学院的陈叔
亮、顾方松，中央轻工业部工
艺美术局的刘作之、西南美专

《苍山牧歌》，张仃，装饰绘画，1960年

的沈福文等。工艺美术小组调查了重庆、成都、景德镇、福
州、北京（重点调查）等地的工艺美术。6月2日，调查组送呈
中央宣传部《关于目前阶段若干地区工艺美术情况的报告》。
报告初稿曾经过轻工业部工艺美术局、北京工艺美术研究所、
中央工艺美术学院的代表修改补充。报告肯定1958年大跃进以
来工艺美术生产发展、技术革新、艺术创作方面的成绩，并指
出当时工艺品创作上存在的问题，例如政治口号的生搬硬套、
盲目追求大型的作品、追求烦琐纹样和单纯模仿自然形态等。
分析工艺品创作与生产、供销的关系问题，例如多数工厂领导
抓产值多、抓艺术少，过分迁就外销市场的规格而忽略工艺品
所代表的国家文化面貌等。最后，报告提出如下建议：①加强
艺术领导；②在有条件的地区建立工艺美术研究所，并逐步加
强现有各地研究所的组织领导工作；③恢复与发展某些优秀工
艺品种的生产；④建立中央与重点省市的工艺品陈列馆。

1960年，雷圭元带领研究生袁杰英、乔十光到福建采
风，调研民间服饰和漆画技艺。同年，张仃与青年教师李绵
璐、黄能馥、梁任生赴云南采风；回来后，展出装饰画《苍山

牧歌》、《集市傣女》等作品，以传统水墨笔法中的线为造型元素，既有民间年画的装饰性造型和色彩，又有立体主义的几何变形，在当时产生广泛影响。

六、引领全国的工艺美术教学改革

1. 召开会议，编写教材，制订教学方案

1961年4月，全国文科教学会议与艺术院校教材会议在北京召开。在文化部的领导下，以中央工艺美术学院为主，一批有经验的专业教师组成了工艺美术教材编选组。张仃担任组长、陈之佛（南京艺术学院）、雷圭元、安性存（工艺美术局）担任副组长。工艺美术教材编选组用一年的时间领导编写出《图案基础》、《工艺美术论文选》、《家具工艺》及三种中国工艺美术史。这些教材对当时全国工艺美术教学水平的提高，起了重要的推动作用。

20世纪60年代初，由"工艺美术教材编选工作组"组织编写的部分教材。其中，雷圭元编著的《图案基础》，人民美术出版社1963年出版；吴劳编的《工艺美术论文选》，中央工艺美术学院资料室1963年印制；谈仲萱、罗无逸编著的《家具工艺》，中央财政经济出版社1964年出版

同时，高等学校文科和艺术院校教材编选计划会议根据中央工艺美术学院提出的草案修改制定了《高等工艺美术学校教学方案的修订草案》，明确了培养目标、学制、课程设置与比例，以及课堂教学与生产实习的关系，使工艺美术教学秩序步入正轨。其中包含染织美术、陶瓷美术、书籍美术、商业美术、壁画、建筑装饰等专业教学方案的修订草案。参加讨论和修改的单位有中央工艺美术学院、浙江美术学院、四川美术学院、南京艺术学院。

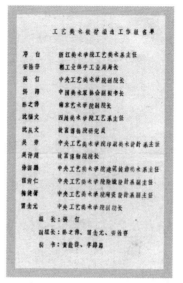

1961年，全国性"工艺美术教材编选工作组名单"，张仃任组长

1961年9月，根据《高等工艺美术学校教学方案的修订草案》，学院各系统一更改名称，染织系更名为染织美术系，陶瓷系更名为陶瓷美术系，装饰绘画系更名为装饰美术系，室内装饰系更名为建筑装饰系。1963年8月，建筑装饰系更名为建筑美术系。翌年3月，根据国务院批准的全国通用高等学校专业名称，建筑美术系更名为建筑装饰美术系，装饰美术系更名为装潢美术系。

2. 参与"形式美"讨论

1961年11月18日、12月11日，《光明日报》编辑部为配合学术界深入探讨美学问题的需要，分别邀请在京部分美学、美术工作者座谈艺术的形式美问题。我院两位副院长张仃、雷圭元和王朝闻、毛星、刘开渠、叶秀山、艾中信、陈之佛、陈沛、沈福文、宗白华、周来祥、袁振民、曹景元等美学家、艺术理论家和艺术家参加了讨论。他们指出工艺美术形式美的特征：工艺美术中的图案设计、橱窗布置、展览会陈设和人民生活关系密切，它们的形式美是从人民生活中提炼和升华的，美不美的判断也是人民教育的结果；但是工艺美术工作者又必须在艺术实践中反过来教育人民，提高人民的文化水平和艺术欣赏能力。

不少人在会后写成文章，一些未参加座谈的人也写文章参加探讨。1962年1月7日至9日，《光明日报》连载介绍座谈会的情况，发表座谈会的发言纪要。并从12日起，开辟"艺术形式美的探讨"专栏，先后发表了朱光潜、张仃、罗杀子、孙殊青、周来祥、艾中信、宗白华的文章。其中，张仃在题为《谈"一点之美"》的文章中，以"点"为例阐述了造型艺术的形式美，强调了形式美的相对独立性以及它与社会习俗、人民传统的审美观念的紧密联系，为工艺美术者指明在生活经验中学习形式美的方法。

3. 基础课教学讨论

在学院建院初期，绘画基础课和图案基础课是基础课的重要内容。两者的比例关系一直是基础课教学讨论的重点。对于基础课，学院教师存在两种意见：专业老师认为学生专业思想不稳固，学生都想将来当画家，所以素描、色彩等基础课多了，尤其是陶瓷系学生不愿到瓷区工作，那里生活条件较苦；基础老师认为素描色彩还是必要，陶坯上要画花鸟，基础不好不能胜任，没有必要减少素描课，主要应做学生重视专业的思想工作。

1961年12月16日，在副院长陈叔亮的支持下，学院召开院领导、系主任及部分基础课教师的座谈会。会上主要讨论了绘画基础课和图案基础课的比例关系和教学内容、教学方法等问题，并就副院长雷圭元同年11月28日在《人民日报》发表的《对图案教学的改进意见》展开讨论。到会教师认为图案课是通向专业创作的主要途径，必须加强图案教学。对于绘画基础课，到会教师认为必须区别于美术学院的绘画课，必须根据工艺美术专业的特点和要求进行绘画基础教学。例如，陶瓷美术专业和建筑装饰专业可适当减少素描课。

1964年9月，为"摆脱西方资产阶级美术教育的学院派传统"，文化部决定取消模特儿制度。学院根据这个指示精神取消了模特儿制度，致使素描教学一度产生基本训练如何入手的问题。

4. 图案班的尝试

1962年2月25日，根据中央提出的"调整、巩固、充实、提高"的方针，学院各专业停止招生一年，总结教学经验，改进教学方法，充实教材内容，提高教学质量，为今后学院发展作充分准备。

由于我国当时市场上日用工业品装饰水平普遍不高，不能满足广大群众的要求，外销产品也受到一定影响；图案是工艺美术的基本功，可以满足千百个不同的轻工业、手工业行业的需要；学院在图案教师力量和教材建设方面有一定条件；同年3月19日，学院上报中央手工业管理总局、文化部和教育部，要求增设图案专业，并由雷圭元、程尚仁拟订教学方案。报告得到三个部的批准，文化部建议专业名称改为"日用工艺品美术设计专业"。

1962年学院只招收了一个应用范围广泛、适应性较强的综合

1961年，雷圭元为学生颁发毕业证书

雷圭元关于教学方案的手稿，1959年2月3日

性专业的"图案班"。学生23名，学制五年，由染织美术系代管。雷圭元、程尚仁任该班正副主任。图案班学生从中央美术学院附中、北京艺术学院附中、北京市工艺美术学校以及在学院旁听的学生中选拔，图案班学生有王明旨、徐乃湘等。

增设图案班主要是雷圭元的设想。他早在1959年2月3日就提出《怎样改变现状，适应社会主义过渡到共产主义社会，办好多学科的高等工艺美术学校（或称学院，或称工艺美术大学）的教学方案（建议草案）》。他分析工艺美术生产、教育的现状，建议工艺美术教育分两步走：第一步为一般图案阶段，主要解决先天不足，培养学生衣食住行各方面的美术常识，培养学生善于创造新生活的能力；第二步解决后天问题，主要加强专业知识、生产实习和艺术理论、美学等现代科学，培养具有高度思想水平、艺术水平的实用美术和装饰美术设计制作人才。这个教学方案与图案班的尝试是一脉相承的。

图案班的培养目标提出图案专业的任务是培养日用工业品的装饰美术设计、教学和研究人才；要求毕业生系统地掌握从事美术设计所必需的图案基础知识；对工艺美术的民族遗产以及国内外现代优秀的日用工业品的装饰特点具有深刻的理解。课程设置中的专业课以基础图案和日用工业品设计为主。图案班开创了日用工业品造型设计专业的教学体系，培养了一批具有较高的日用工业品装饰设计能力的学生，为提高当时日用工业品设计的水平，作出了一定的贡献。

5. "四定方案"，增设现代工艺专业

1963年2月，根据教育部的文件和北京市教育局高教处提出的精神，学院制定了"四定方案"，即定规模、定任务、定方向、定专业。学院当时有染织美术、陶瓷美术、装饰美术、建筑美术4个系，内设7个专业，即染织美术、陶瓷美术、书籍美术、商业美术、装饰画（原壁画专业）、室内装饰、日用工艺专业（又名图案班），均为五年制，在校生353人，教职员工206人，其中教师95人。另有印刷工艺专业。学院在"四定方案"中决定保留7个专业，并增设现代工艺专业。现代工艺专业的目的是为全国培养与现代工业有关的金工、塑料、玻璃、陶器制品等方面的美术设计人才，学制五年。

1963年7月12日，学院向中央手工业管理总局和文化部提出筹建现代工艺专业的报告，拟在1963年在工业品美术专业中添设现代工艺专业。报告所附的筹备计划指出，"现代工艺"是现代自然科学与现代工业技术、材料，现代艺术的综合体；拟在1963年9月建立"现代工艺工作室"和"现代工艺教研组"，暂时附设在陶瓷美术系，具体管理现代工艺专业的筹备和教材编写等事宜。报告所附的现代工艺专业教学方案（草案）指出，现代工艺专业的教学任务是为工厂培养现代工艺设计、教学和研究的专门人才。10月16日，中央手工业管理总局批准中央工艺美术学院在"工业品美术专业"中添设现代工艺专业，并于1964年开始招生。

6. 教学成果与图书实物资料的充实

1960年5月27日，经中央宣传部、中央文教小组批准，中央工艺美术学院等12所艺术院校被评为文化部重点学校。6月，雷圭元作为学院十大建筑装饰设计工作组的带队教授，出席全国教育和文化、卫生、体育、新闻方面社会主义建设先进单位和先进工作者代表大会。

1960年6月，为迎接和庆祝全国文教战线群英会和全国第三届文化艺术代表大会的召开，中央工艺美术学院师生在院党总支的领导下，通过布置北京王府井大街100多个商店橱窗美化市容，其中工艺美术礼品部的橱窗展示学院"大跃进"以来教育结合劳动生产的教学成绩等。

1961年6月，学院在中国美术家协会展览馆举办了建院后第一次大型的"中央工艺美术学院师生作品展览"，展出建院以来各专业师生作品700余件，向社会展示了建院5年来各专业所取得的初步成绩，得到社会的好评。1963年9月30日，中国美术家协会和中央工艺美术学院联合举办的"实用美术创作展览"在北京中国美术馆举行，展出应届毕业生作品483件，作品在社会产生广泛反响。

图书资料与实物资料是教学工作的重要保证。1959年3月，鉴于采购图书资料工作制度不健全、批准权限不明确的状况，学院成立了图书资料委员会，负责审查决定图书资料的采购工作。图书资料委员会由副院长陈叔亮负责，委员有雷圭元、张仃、陈叔亮、张光宇、吴劳、徐振鹏、梅健鹰、程尚仁、田世光、郑乃衡、侯信，秘书是蔡诚秀。以陈叔亮为主的学院领导的重视与图书资料审查委员会的运作，使学院的图书资料采购工作得到良好的发展。

学院图书馆的藏书以工艺美术专业图书为主，造型艺术、民间艺术等艺术类图书

1962年，郭沫若（中）来学院参观并题词，右一为陈叔亮

中国宋代至清代缂丝刺绣大型图录《纂组英华》，1935年在日本印制，学院图书馆收藏

日本正仓院的宝物图录《东瀛珠光》，1928年在日本出版，学院图书馆收藏

为辅，并收藏文、史、哲等方面的书籍；不仅有《纂组英华》、《东瀛珠光》、《古铜精华》等工艺美术珍贵画册，还有《四部丛刊》、《四部备要》、《丛书集成》、《古今图书集成》等丛书、类书。图片资料有金石拓片、民间剪纸、木版年画、邮票等。实物资料涵盖了从原始社会的彩陶乃至各个时期陶瓷、染织、织锦、刺绣、地毯、壁挂，并有相当数量的明代家具和古代书画真迹及国内外民间工艺品。其中，有一批实物资料为故宫博物院赠送，用于教学与研究。20世纪60年代中期，经陈叔亮副院长邀请，张珩、徐邦达、谢稚柳三位专家来馆对所藏字画一一鉴定，肯定了图书馆收藏的历代书画的价值。还从荣宝斋调来裱画大师刘金涛负责图书馆书画装裱工作。

学院图书馆本着以藏书及实物资料为教学科研服务的宗旨，利用图书资料为师生读者服务，发挥积极的作用，开展了多种服务方式：①1958年"大跃进"时期，为配合学院师生连夜创作"政治宣传画"的任务，图书馆24小时日夜值班开馆服务。②为使参加首都十大建筑装饰工作的师生做好设计工作，图书馆将所需要的参考图书送到"工地"。③配合课堂教学，实物资料室根据教师课程的需要，提供相关实物资料，布置"资料观摩室"供教师讲课，同学观赏，临摹。图书阅览室

任伯年:《苏武牧羊图》,1874　明代黄花梨圈椅,学院图书馆收藏
年,学院图书馆收藏

配合教师讲课,展出授课所需的专题图书,供同学阅览,还开放部分馆藏图书,设立"开架图书室"供读者借阅。④1961—1965年,实物资料分别开辟陶瓷、染织、书画、民间工艺品等陈列室,按时代、专题定期轮换展出。除为教学服务外,还接待来学院参观的国内外来宾。⑤图书编目工作,除完善馆藏图书的分类目录、书名目录、专题图书目录外,在外文专业图书编目上,除著录原文,还将有关项目如书名、作者、出版者、书内图录状况译成中文,以利读者了解外文图书内容便于借阅。

据1964年5月统计,学院的图书已由1956年的6000册增加到50 000册;实物资料由1956年的2792件增加到8240件。自1956—1966年,杨崇恺、蔡诚秀、李枫先后任图书馆负责人。

7. 学术委员会的建立

1964年5月19日,为了推动学术研究和加强对学术研究的领导，学院成立学术委员会。文化部任命陈叔亮为学术委员会主任，雷圭元、张仃、卫天霖为副主任。委员有程尚仁、梅健鹰、徐振鹏、吴劳、杨子美、柴扉、庞薰琹、郑可、袁迈、奚小彭、常沙娜、李葆年、吴达志。学术委员会是院党委和院务委员会在学术方面的助手和顾问机构，定期开会研究全院教学、科学研究工作中的重大问题。学术委员会的任务是：①审查教学、科学研究计划、总结、报告；②讨论、研究教学、教学法、科学研究工作中重大问题，组织交流教学、教学法、科学研究工作经验；③在"百花齐放、百家争鸣"方针指导下，讨论重大的学术问题，组织学术思想批评工作；④讨论政治思想教育工作；⑤审查毕业生的毕业设计，听取毕业生的论文答辩；⑥研究、领导教师进修和研究生的培养工作；⑦审查业务干部的学术论文、科学报告，评定业务干部的学术等级。学术委员会对恢复正常的高等工艺美术教育、提高教学质量、编写专业教材、开展创作设计活动，都起到了指导作用。

8. 试行半工半读教育制度

1965年，由于中央关于备战工作的指示和高教部半工半读会议精神的要求，全日制的文科实行半工半读教育制度。1965年9月开始，学院在染织美术系和印刷工艺系开办了两个半工半读试点班。1966年2月，学院决定两年试点，分期分批完成半工半读规划；修业年限仍保持五年，工读比例按四六安排，即两年工，三年读。前三年以工为主，以读为辅，后两年以读为主，以工为辅。为了实现半工半读，各系的课程设置和内容都本着少而精的原则，加强基本功训练，加强艺术实践，进行一系列教学改革。并要求中青年教师先到工厂参加生产劳动，熟悉有关工种的工艺过程，以便指导学生，进行半工半教。1966年3月，学院按照中央"加强备战"的指示，拟在山

1963年夏，邓洁院长在第四届毕业典礼上讲话

西蒲县建立分院，但未实现。

中央工艺美术学院初建的10年，是在不间断的政治运动中度过的。尽管发展道路不平坦，但全院教职工与学院同舟共济，坚持教学与生产、社会实践相结合，为国家输送了700多名各类专业人才和近30名外国留学生。学院还先后开办或与外单位合办了丝绸纹样设计、服装设计、书籍装帧、民间雕塑、图案、陶瓷、工艺美术等9个研究班、进修班或训练班，吸收有关单位的青年技工、艺人和干部进行短期训练，提高他们的工艺美术设计能力、艺术思想和生产技术，先后有513人结业回原单位工作。为满足工艺美术教育事业的需要，学院先后接受全国19个地区兄弟院校的教师61人到院进修，以提高他们的艺术理论、学术研究和教学水平。在早期毕业生中，先后有20多人留校任教，其中有一些成为后来学院教学和管理的中坚力量；更多的毕业生在各个行业领域，为国家的经济建设、为人民的衣食住行，作出了重要贡献。

第三章

"文革"时期

　　1966年，"文化大革命"爆发。随着一批知名教授、学者被当做
"牛鬼蛇神"赶进"牛棚"，学院被迫中止了正常的教学活动，陷入了
长达10年之久的停滞期，新中国的工艺美术教育事业欣欣向荣的发展转
向低潮。"文革"期间，学院顺应国家时政需要，经历了停止招生、下
放劳动、招收工农兵学员等活动，尽管如此，广大师生员工在非常时期
依然爱校如家，在特殊的岁月中难能可贵地坚持了下来。

一、动乱的开始

1966年5月，中共中央通过了《五·一六通知》。6月，新华社发表"北大第一张大字报"，人民日报发表社论"横扫一切牛鬼蛇神"，"文化大革命"正式在全国展开。

在"彻底揭露"所谓"资产阶级反动学术权威"、"夺取文化领域的领导权"的口号中，一批专家、学者、文化领域的领导者，一夜之间变成了"混进党里、政府里、军队里和文化领域的各界里的资产阶级代表人物"。庞薰琹、刘鸿达、陈叔亮、张仃、雷圭元、郑可、柴扉、祝大年、梅健鹰、阿老等学院行政教学中的重要人物、老专家，被送到社会主义学院"学习"，之后便是批判揪斗。经过调整刚刚走上正轨的教学工作全面停滞，初见雏形的中国现代工艺美术教育体系遭到破坏，学院与全国所有文教机构一样陷入混乱之中。

1966年6月，领导"文革"运动的工作组及军宣队同时进驻学院。7月，学院成立"革筹会"，组织红卫兵"造反"，

"文革"中的学院大门（1967年）

1966年6月，军宣队进驻学院

1969年4月，师生参加庆祝"九大"召开的游行

"停课闹革命"。7月24日，中共中央国务院下发了《关于改革高等学校招生工作的通知》，全国高校统一招生考试停止，1965级学生成了"文革"前的最后一批大学生。同年12月，全院教职工和在校学生分立为两大派组织，在"造反有理"、"打倒一切"的形势下，学院主要领导人和全部专家教授及部分教师，受到了不同程度的审查和冲击。党委书记刘鸿达、副院长陈叔亮、张仃、雷圭元及各专业的专家、教授都被诬为"走资派"、"反动学术权威"、"黑帮"而受到批判斗争。在随后的"破四旧"中，一批宝贵的教学资料、教师作品和手稿遭到破坏，给教学造成了无法弥补的损失。

此时，学院的部分学生结合政治任务，创作了一批在北京市乃至全国都具有影响的漫画、宣传画等作品，其中有刘春华（1963级装饰绘画系）主创的油画《毛主席去安源》。

1967年，周恩来总理曾指出，"我国工艺美术事业，无论从商品供应、人民生活需要、出口等方面来说，是社会主义建设中一条重要的战线，工作是有成绩的，是一条红线。"

1968年7月，学院成立了院"革委会"。8月，工宣队进驻学院。混乱的局势继续在全国蔓延，百万青年的生计成为影响社会的不稳定因素。12月22日，《人民日报》发表毛主席指示："知识青年到农村去，接受贫下中农的再教

"文革"期间学生创作的油画
《毛主席去安源》，刘春华主创

育，很有必要。"之后，千百万知识青年上山下乡。1969年3月，学院的1966届、1967届、1968届等三届学生完成毕业分配，大部分学生被分配至公园、工厂等单位。

二、下放劳动与返京复校

1970年5月9日，周恩来总理接见文艺界各单位群众组织的两派代表。随后，中央直属文艺单位下放部队农场劳动。同年5月，学院受命下放到1594部队农场，驻在河北省获鹿县的李村和小璧村，从事农业劳动并开展"清查5·16"和"斗、批、改"运动。学院在北京只设留守处，负责一切联络事宜，负责人是丛树章。下放期间，艺术创作、学术研究被迫搁置。在下放后期，师生利用有限的机会和资源坚持设计、创作练习及收集资料，他们在繁重的体力劳动和没有行动自由的生活中坚守着艺术生命的底线。

"文革"期间，部分师生下放1594部队农场劳动留影，左二为袁迈，左三为吴冠中，左四为张国藩，右三为黄国强，右四为阿老

1973年8月，李先念副总理批示："中央工艺美术学院划归轻工业部直接领导，并立即接回北京。"同年9月，学院负责人陈叔亮受国务院、轻工业部委托，与轻工部工艺美术局局长史敏之一同到部队农场接回全院师生，三年下放劳动结束。学院随即成立中央工艺美术学院复校临时领导小组，陈叔亮任组长，召开复校临时领导小组会议，集中研究机构组织、人员分工及主要工作。复校并没有使教学立即回到正轨，教师被组织起来继续学习马列主义和毛泽东著作，深

1973年9月，下放劳动的师生返京复校

入研究三大革命运动实践，改造锻炼自己。复校后全院有教师115人，其中教授5人，副教授7人，讲师31人，助教63人，教员9人。

三、举办多种形式的短训班

1975年4月7日，轻工业部批准成立了中央工艺美术学院党的核心小组，并派遣姚秦城担任组长，傅石霞、陆振声、王建邦、翟树成任副组长。中心工作是贯彻"开门办学"方针，继续推动学院的恢复建设。

学院结合社会政治经济发展的需要，制定了适时的教学工作规划，从办学方针、培养目标、办学方式、招生来源、系（班）专业设置、教师队伍建设、校办工厂（实验室）及科研机构的建立健全等8方面明确了学院今后的建设发展方向。工作规划中确定的办学方针是：贯彻"教育为无产阶级政治服务，为工农兵服务，与生产劳动相结合"的方针；贯彻"百花齐放，推陈

1975年6月，学院复课开学大会合影

1975年9月，汽车美术班开学纪念合影

出新"、"古为今用，洋为中用"的创作设计方向；坚持工艺美术设计的适用、经济、美观的原则。采取的办学方式是，以三年制的普通班与多种形式的短训班相结合，以厂校挂钩、开门办学为主，结合各系、专业的典型，有计划地选点，选择典型设计任务，以工厂为基地组织教学工作。教学内容是根据厂、地区的需要，与主办单位协商制定。教学方法则是要打破基础和专业的界限，提倡一专多能，以创作设计带基础，培养学生分析和解决实际问题的能力。同时，学院根据当时教学力量的实际情况制定了具体的办学方案，决定先作试点，摸索经验，招收一个普通班，并试办短训班和参加厂办大学。

　　1975年，学院开始招收工农兵学员，生源主要是按照毛主席的指示："要从有实践经验的工人、农民中间选拔学生，到学校学几年以后，又回到生产实践中。"根据轻工业部要求，学院除原有的染织美术系、陶瓷美术系、装潢美术系、工业美术系（原建筑装饰系更名）、印刷工艺系之外，新设立特种工艺美术系，该系是以原设在装潢系的装饰壁画专业为基础成立的。当时只有商业美术专业是三年制，其他专业都是短期班，以多种形式试办了6个班次，先后招生196名。

1975年下半年，装潢美术系招收了商业美术专业三年制普通班21人；特种工艺系举办牙、玉雕创新一年制的进修班，招生30人；染织美术系与市纺织局联合举办以校为主的印

1976年，特种工艺美术系牙玉雕创新进修班结业典礼大会

花美术设计短训班，招生22人，学制为11个月；工业美术系与一机部汽车局联合举办汽车造型美术设计短训班，招生25人，学制为11个月；陶瓷美术系与江苏省轻工业厅陶瓷公司联合举办以地方专业骨干为主的陶瓷造型及装饰短训班，招生63人，学制为11个月。特种工艺系于6月7日正式开课，其他班于10月15日前陆续开课。当时有些课还吸收少量旁听生，以扩大教学效果。这次招生侧重政治条件，学员专业基础普遍较低。但由于教师恢复教学后，在教学中认真负责，因此大多数学生在专业上都有一定进步。

1977年，染织系应纺织工业部委托创办一年制"全国丝绸设计进修班"，重点培训、提高全国主要丝绸印染厂在职设计人员，聘请国内专家李有行、蔡作意、楼紫郎、苏葆桢等亲临授课。同年，染织系在轻工业部的支持下举办"中国花鸟画进修班"，重点培训轻工部所属院校的花鸟画青年教师。考虑到我系花鸟画教师俞致贞及社会上花鸟画家们年事已高，需要及早传承，先后聘请李苦禅、孙其峰、康师尧、苏葆桢、田世

光等亲临授课，教学质量受到轻工部肯定。我院青年教师高沛明、胡美生、黄显隆也随班进修。此外，学院还举办工艺美术创作展览，整顿了图书馆及后勤工作等，为学院建设的恢复和发展奠定了基础。

四、承担重大社会任务

1972年，学院承接国际俱乐部、北京饭店的建筑装饰和陈设所用的绘画任务。其中，参加北京饭店装修的名单由奚小彭和华君武商定，奚小彭、郑可、邱陵、温练昌、张守智、胡美生、白山、黄显隆、张国藩等人参与饭店室内装饰、陈设用瓷、餐具、壁纸、地毯等的设计工作。当时，周总理指示国际俱乐部为对外单位，应该展示民族传统绘画，委派干部与学院教师阿老联系，让阿老组织一批画家完成这一任务，由阿老、彦涵及中央美术学院的邓澍三人成立领导小组，由阿老总负责，主要组织社会上有名的画家，如李苦禅等，学院参加绘画的教师有阿老、乔十光、何镇强、黄云等，绘画门类主要是国画。北京饭店陈设所用的国画，主要由国际俱乐部的一些画家，并扩充社会更多画家参加完成，其中学院参加绘画的教师有阿老、白雪石、袁迈、袁运甫、乔十光及染织美术系、建筑装饰系的教师等。但在1974年"四人帮"策划的"批黑画"事件中，这些画被当做黑画批判，认为其违反总理指示，没有民族特色，部分教师受到不同程度的批判，没有肃清欧美资产阶级文化的流毒，有洋奴哲学和复古思想。

1972—1973年间，国家文物局先后抽调学院教师常沙娜、陈若菊、崔栋良、朱军山、李永平、侯德昌参加"中华人民共和国出土文物展览"的文物临摹、复制及设计工作，黄能馥参加出土织物的分析工作。在不到一年的时间里，他们以湖南长沙马王堆出土文物为复制重点，为展览完成了51件高质量的文物临摹复制品。此次展览是"文革"后首次以国家名义组织的出国文物展，先后在日本、美国、墨西哥等国巡回展出，为恢复我国与国际社会的文化交流起到了重要作用。

毛主席纪念堂水晶棺及基座，崔栋良、张仲康、陈汉民、朱军山、何镇强、陈和鼎设计，1976年

1976年，为参加中央有关部门组建毛主席纪念堂建筑设计方案工作班子，学院抽调何镇强、李骐、辛华泉与全国知名建筑师、

毛主席纪念堂建筑陶板装饰，袁运甫、张绮曼、周令钊设计，1976年

教授进行纪念堂建筑及室内设计方案。同年9月，学院接到为毛主席遗体设计水晶棺和基座的任务，院党委核心小组副组长傅石霞、陆振声负责组织协调工作，抽调专业教师崔栋良、张仲康、陈汉民、朱军山、何镇强、李骐、陈和鼎组成设计组参加设计工作。设计组连续工作多日，共完成5套设计方案，造型、装饰体现了庄严、肃穆的设计风格。水晶棺设计方案确定

"文革"中的学院行政楼外景（1967年拍摄）

后，由上级部门任命崔栋良为水晶棺设计装置组组长，与张仲康进一步参与了水晶棺后期制作施工时的设计工作。同时，学院教师袁运甫、辛华泉、侯德昌等还参加了纪念堂建筑陶板装饰设计、室内装饰用大型壁毯、屏风、美术字等的设计工作。1977年9月，经纪念堂工程选派，学院教师温练昌将在北京饭店工程中设计并研制成功的涂塑印花壁纸，根据纪念堂墙体结构需要进一步设计研制成功涂塑压花壁纸。涂塑压花壁纸的试制成功填补了我国该项建筑材料的空白，因此温练昌于1978年被授予"全国科技大会奖"。

另外，这一时期，学院部分师生王家树、杨永善、李绵璐、顾丁茵、邱百平等还参与了中国历史博物馆复馆的陈列设计。另有十几位教师为（石家庄北京军区）白求恩和平医院和河北新医大绘制解剖挂图及解剖学插图。

第四章

恢复与发展

1978年12月，中国共产党召开第十一届三中全会，会议提出了"坚持四项基本原则、坚持改革开放、以经济建设为中心"的指导方针，作出了把党和国家的工作重点转移到社会主义现代化建设上来的战略决策。从此，我国社会主义进入了一个新的历史发展时期。工艺美术教育工作也出现了新的局面。学院迅速着手恢复工作，规划学院前景，整顿教学秩序，充实教学力量。经过几年的建设与发展，学院恢复了生机与活力，开始逐步进入全面发展的时期。

一、恢复教学秩序

1. 重组领导班子

　　1976年10月6日，"四人帮"被粉碎，"文化大革命"结束。

　　1978年，经国务院批准，学院的领导体制再次恢复为以轻工业部为主，与文化部共同领导。5月，经轻工业部党组批准，成立了学院党的临时领导小组，罗扬实任组长，着手尽快恢复正常教学秩序。同年成立学院党委，罗扬实任书记，杨少先任副书记。他们为学院拨乱反正，恢复教学做了大量工作。

　　1978年12月，党的十一届三中全会全面认真地纠正了"文革"及其以前的左倾错误，作出了把工作重点转移到社会主义现代化建设上来的战略决策，结束了长时期的社会动乱，国家恢复了安定团结的政治局面。学院的组织机构、体制建设也作出了相应的调整。为了尽快恢复正常教学，学院对各系进行了调查研究，并开始给"文革"中受到不公正待遇的教师恢复名誉，给1957年被划为"右派"的教师平反。学院当时的情况正

1976年10月，学院师生在天安门广场参加粉碎"四人帮"庆祝活动

如张仃所言："运动搞乱了教师队伍，搞乱了思想，荒疏了业务。值得庆幸的是保住了校舍，保住了教具图书资料，保住了教职工队伍……活着就有希望。"到1979年时，学院已基本摆脱了"左"的思想束缚，将工作重点重新放到了教学上。这一年，雷圭元73岁，庞薰琹73岁，陈叔亮78岁，郑可73岁，张仃62岁，吴劳63岁，阿老60岁……这些先生多已过花甲之年。

1979年3月8日，轻工业部签发党组文件呈报中央组织部，为庞薰琹恢复政治名誉。5月，学院新的领导班子组成，由张仃任院长，陈叔亮、雷圭元、吴劳、庞薰琹、方振远、阿老任副院长。新领导班子一上任就着手恢复学院体制，整顿教学秩序，充实教学力量，完善招生制度，规划学院前景。

2. 恢复招生，整顿教学

1977年下半年，学院与全国各高等院校一样，恢复了停顿10年之久的全国统一招生的考试制度。"文革"后第一批本科生1977级106人于1978年3月入学。1978年9月，本科生1978级108人、专科生15人入学；同年5月，研究生20人入学。1979年，招收本科生81人，专科生15人，研究生13人。这几届学生主要集中于染织、陶瓷、装潢、工业、特艺、印刷6个专业，是从积累了十多年的考生中优选出来的，专业水平和文化素质普遍较好，不少人成为后来艺术设计领域的骨干。

1977年，学院研究室为撰写《中国工艺美术简史》到南京考察工艺美术

1977年9—10月，为编写《中国工艺美术简史》，在院党组

副组长罗扬实和研究室
负责人吴劳的带领下，
共同课教研组教师田自
秉、王家树、吴达志、
陶如让、奚静之以及拍
摄资料的杨德福一行8
人到上海、南京、湖
南、广东等地进行为期
一个多月的工艺美术
考察调研。1978年，

1979年，全国工艺美术艺人创作设计人员代表大会在北京召开

初稿完成，奚静之撰写前言和后记，吴达志撰写原始社会、奴
隶社会时期工艺美术，王家树撰写封建社会时期工艺美术，田
自秉、陶如让撰写近百年工艺美术，田自秉撰写新中国工艺美
术。同年，在初稿基础上，南京艺术学院吴山、青岛工艺美术
学校王进家参加二稿编写和插图工作。1983年，学院集体编写
的《中国工艺美术简史》由人民美术出版社出版，此书是新中
国第一本中国工艺美术史教材，具有历史意义。

　　1979年8月16日，叶剑英、邓小平、邓颖超等国家领导
人接见"全国工艺美术艺人和创作设计人员代表大会"的全体
代表。之后，轻工部提出"高速度、高质量、高水平、高品
种"，"以自己的笔头大胆创外汇"的生产口号。当时，手工
艺行业在全国的创汇率占轻工业出口换汇总额的32.25%，有
2 800多个企业、80多个工艺美术研究所，从事工艺美术的人
员近600万人。工艺美术不仅需要大量的专业技术工人和一般
设计人员，同时还十分缺少高水平的专业设计人才，工艺美术
教育的迅速发展成为当务之急。

　　在新的形势下，如何办好这所全国唯一的综合性的工艺
美术学院，是当时学院主要思考的问题。1979年2月在文化部
召开全国艺术教育工作会议之后，学院重新制定了工艺美术各

1981年9月，团委、学生会成员在学院门口合影

专业的教学方案。确定的教学宗旨是：以美化人民生活为目标，培养热爱祖国、热爱专业，并在继承和发扬民族传统工艺美术的基础上，适应现代生活的审美心理，具有独立设计能力，德、智、体全面发展的工艺美术设计专业人才。各专业教学坚持理论与实践、继承与创新、教学与生产相结合的原则，注重对民族民间美术和对国内外各种设计思想的学习与研究，注重艺术与科学、创作与生活、设计与工艺、工艺与材料等多种关系的结合。课程安排每学年36周，共计4500学时。课程设置比例为：文化课占总学时的20%，基础课占40%，专业课占40%，专业课中包括每年4周的社会调查与生产实习。另外还开设选修课。学制四年。

同时，学院根据轻工业部机构设置方案的精神，结合教学的具体情况和今后的任务，经广泛讨论，重新设置了学院机构。院务行政下设党委办公室、院办公室、人事处、教务处、总务处、科研处和图书馆。教学下设染织美术系、装潢美术系、工业美术系、陶瓷美术系、特种工艺美术系、印刷系和共同课教研室。染织美术系程尚仁任主任，常沙娜、白崇礼为副主任；陶瓷美术系梅健鹰任主任，陈若菊为副主任；装潢美术系阿老任主任，黄国强、邱承德为副主任；工业美术系奚小彭任领导小组组长，潘昌侯任副组长（当时未设主任之职）；特种工艺美术系袁运甫、权正环任副主任；印刷系郑德琛任主任；共同课教研室杨子美任主任，奚静之为副主任。

1978年，国务院恢复和增设普通高等学校169所，其中有以中央工艺美术学院印刷系为基础改建成立北京印刷学院，划归国家出版事业管理局领导。自1979年11月1日起，原由我院管理的印刷系及教职员工43人、学生77人，正式移交给北京印刷学院筹备处。

1978年底，学院恢复成立团委、学生会，夏凯平、董汇斌先后任团委书记，吴晞任学生会主席。由团委和学生会共同主办的校刊《光华路》成为我院学生开展思想交流和学术讨论的重要阵地，为我院学生在学术和业务上与外界的交流起到了积极作用。

3. 重建学术委员会

1979年，"为了贯彻高教会和艺教会精神，开展学术研究，提高教学质量"，学院决定重建学术委员会。陈叔亮任主任委员，张仃、雷圭元、庞薰琹、吴劳、阿老、郑可、吴冠中、祝大年任副主任委员，田自秉任秘书。委员会于5—6月举行了三次会议，研究讨论学术委员会的性质、任务等问题，起草委员会章程，并通过邀请委员名单，共计24人。

学术委员会建构了学院的学术核心，主持评定因"文革"停止多年的教师职称，确定教师89人，其中教授4人，副教授22人，讲师58人，助教5人，占教学人员比例的68%。许多持续20多年的讲师、助教得到提职。

学术委员会自成立的半年时间里，围绕学院的学术问题先后组织7次与工艺美术有关的学术讲座，如来访的香港大一学院院长吕立勋主讲的"设计中国"，中央美术学院教授周令钊主讲的"西德的艺术教育"，中央歌舞团舞蹈家王之麟主讲的"舞蹈与装饰艺术的美术问题"等，举办"香港现代设计展"，在老师和同学中产生较大的影响。同时，举办图案教学讨论会，副院长雷圭元在会上作关于《传统图案研究》的发言；并举行两次素描教学讨论会。学术委员会的工作对开展教学经验交流、活跃学术气氛起到了积极有力的推动作用。由学术委员会负责的研究生培养问题也取得了进展。

4. 统一教学思想

"文革"结束以来,在老一辈工艺美术教育家和全院师生的努力下,学院的教学、创作、科研得到了较快恢复,但是,由于经历了"文革"十年的停滞,专业的荒疏、国内外资料信息的匮乏、教学体系的断层,随着教学工作的恢复与开展,一系列的缺失与不足暴露出来。

首先,突出的表现是专业师资力量的缺乏。一些专业教师每学期19周的课时都不能满足教学需求。其次,在教学上,各系虽然依据1961年的教学方案和国家高等教育60条的规定安排了课程表,但是各专业没有系统的教学大纲,教学内容由教师自行决定,缺乏总体规划和切实可行的教学方案。最后是学院基建工作的落后。图书馆虽然收藏了大量的图书和实物资料,但是国外资料,特别是关于西方现代设计的资料非常少。对于一些新发展的专业如工业设计专业来说,问题尤为严重。当时许多现代工业设计产品在国内还只是个名词概念,根本没有实物资料,工业系曾列出一个轻工业产品名单,从冰箱、彩电到收录音机,希望求助于通过国家进口以获得教学实物资料。另外,专业发展需要的实验工场,如陶瓷、摄影工房等都亟待建设。

围绕学院恢复建设所面临的一系列问题,1979年—1980年在全院范围内开展了大规模讨论,主要内容有:①专业如何与生产发展的要求相结合;②根据专业要求如何制定各门主课的《教学大纲》;③如何抓好专业课的教材建设;④办好实验工场;⑤办好进修班;⑥研究准备新办专业的教学方案。

同时,学院召开老中青教师座谈会,就师资队伍建设、专业调整、建立工作室制度、试行学分制,以及如何形成工艺美术教学体系等问题展开讨论研究。这一系列的讨论为学院工艺美术教学体系的形成与完善奠定了基础。

在讨论中，"工艺美术学院专业设置究竟以什么为主、究竟什么是工艺美术"成为学院一切教学改革讨论的核心所在。围绕这个问题，副院长庞薰琹在《装饰》复刊后的第一期上发表了题为《论工艺美术和工艺美术教育》一文。他指出："什么是工艺美术？根据我国目前的情况来说，基本上可以分为两类：一类是实用的，一类是装饰的。在装饰的方面也可以分为两类：一类是民间工艺，一类是高价的摆设品。我们历来就主张两条腿走路。既要先进的科学技术，又要保护手工艺。我们要着重发展实用的现代工业方面所需要的美术设计工作。"这种认识为学院工艺美术教学改革确立了方向。

二、首都国际机场壁画创作

1979年9月26日，首都国际机场候机楼壁画群及其他美术作品举行落成典礼，向建国三十周年和第四次文代会献礼，这是新中国成立以来我国美术工作者第一次大规模的壁画创作。

首都国际机场壁画及其他美术创作，由院长张仃主持并担任总设计，是以我院师生为主、集合全国17个省市的52位美术工作者在270多个日夜里通力合

1979年夏，首都机场壁画工作组会议情景，前排左起：郑可、吴冠中、权正环、王舒冰

1979年，邓小平、李先念在首都国际机场参观学院创作的大型壁画

1979年夏，张仃在首都机场壁画《哪吒闹海》绘制现场

作完成的，也凝聚着景德镇、邯郸磁州窑、扬州漆器厂、昌平玻璃厂等地区或单位工人师傅的心血。学院工业美术系以奚小彭为主承担了室内装饰总体设计和家具屏风设计；以我院教师为主，和其他美术工作者一起，如祝大年、袁运甫、权正环、张国藩、张仲康、李鸿印、申毓成、张一民、楚启恩、连维云、肖惠祥、何山等参与了壁画群的创作设计工作；吴冠中、常沙娜、阿老、乔十光、何镇强等创作设计了多幅其他美术和工艺作品。研究生杜大恺、刘永明和特艺系1977级全班同学参加了上述创作设计工作。

在百花齐放的文艺方针指导下，机场壁画创作发挥了个人的艺术特长，呈现了多种多样的艺术风格，运用了传统的、现代的工艺与绘画材料，完成了传统重彩壁画、景德镇瓷砖拼镶壁画、磁州窑陶板拼镶壁画、丙烯壁画以及其他美术作品等，共计58幅。其中，学院师生完成的作品主要有：张仃的《哪吒闹海》（重彩），祝大年的《森林之歌》（瓷砖彩绘），袁运甫的《巴山蜀水》（丙烯），张国藩的《民间舞蹈》（陶板刻绘），权正环、李化吉的《白蛇传》（丙烯），李鸿印、何山的《黄河之水天上来》，张仲康的《黛色参天》（重彩）等9幅壁画；祝大年的《玉兰花开》（重彩），吴冠中的《北国风光》（油画），范曾的《屈子行吟》（水墨），阿老的《舞蹈》（水墨画），刘力上、俞致贞的《花鸟》（工笔）等国画与油画；常沙娜的《四季花开》，王学东、张为的《北国风光》，何镇强的《祖国各地》等玻璃画；乔十光的《梅》、《苏州水乡》、《万泉河》，李鸿印的《黄河》，朱

张仃的《哪吒闹海》(局部)

祝大年的《森林之歌》(局部)

曜奎、张虹、赵志纲的《长城》等磨漆画；朱军山、李兴邦、王晓强的《傣家风光》等贝雕画，侯德昌、蒋正鸿、黄国强、崔毅的书画作品。此外，机场壁画还有袁运生的《泼水节——生命的赞歌》（丙烯）、肖惠祥的《科学的春天》（陶板刻绘）。这些作品从整体上体现了具有鲜明中国特色的艺术新气象。

　　这些壁画和美术作品，引起社会各界的广泛关注。落成典

袁运甫的《巴山蜀水》(局部)

袁运生的《泼水节——生命力的赞歌》(局部)

权正环、李化吉的《白蛇传》(局部)

肖惠祥的《科学的春天》(局部)

礼后，首都文艺、理论、建筑、新闻出版界、外贸界等的领导和知名人士以及在京的外国朋友，相继前往参观，给予壁画群很高的评价。

党和国家领导人邓小平、李先念、王震等，以及轻工业部、文化部的负责人先后到机场参观视察，对壁画创作给予了肯定和赞扬。

经历了"文革"的"革命的现实主义"主导的"红、光、亮"、"高、大、全"等文艺创作思潮之后，机场壁画群以其丰富多样的题材，以及既具有传统意味又具有现代特征的艺术风格，将人们心中久违的审美感性唤发出来。它是改革开放初期的思想解放运动的形象折射，成为推动当代中国艺术复兴的先声。机场壁画也由此成为"文革"之后中国重要的文化现象之一，围绕它引发了许多关于"美"、"人性"、"现代

张仲康的《黛色参天》(局部)

张国藩的《狮舞》(局部)

李鸿印、何山的《黄河之水天上来》(局部)

性"、"思想解放"等文艺思想的争论与探索。同时，机场壁画群的创作开创了中国现代壁画的新纪元。随后，在全国掀起了现代壁画的创作热潮。

三、20世纪80年代初期步入正轨

1. 顺应时代需要，再次调整工作

　　文化部、教育部在1980年12月发出的《关于当前艺术教育事业若干问题的意见》中，要求全国美术院校要多培养一些工艺美术人才。中央工作会议也决定，进一步调整国民经济，大力发展轻纺工业，相应发展和调整教育事业。为此，学院经过广泛讨论，于1981年4月提出《中央工艺美术学院调整工作意见》（简称《意见》），并经轻工业部审批执行。学院贯彻"日用品要工艺化，工艺品要实用化"的要求，把和广大人民群众生活关系密切的日用工艺美术作为重点予以重视和发展，同时兼顾装饰性工艺美术。办学中坚持"量力而行，尽力而为"的原则，把主要精力放在教学质量的提高上。

《意见》还对学院规模、学制、专业设置等提出了改进意见，决定下一步学院教学工作的重点是稳定教学秩序，提高教学质量，具体计划如下：①由教务处负责组织力量，研究修订各专业教学方案和课程设置。根据专业需要，增加基础理论、基本知识课程，增加专业基础课的课时比例，以扩大学生的知识领域，提高学生的艺术修养和创作能力。②严格执行教学计划。各专业必须按照教学方案规定的教学目的、要求设置课程，各门课程必须制定教学大纲，编写教材，严格按照教学计划，有秩序地组织课堂教学。③学校的中心任务是搞好教学，提高教学水平，保证教学质量。必须有计划地组织中青年教师进修，不断提高教师的政治、业务水平，增强他们的教学责任心、荣誉感；尊重与发挥教师在教学上的主导作用和积极性。④为了结合生产、联系实际，加强工艺研究和工艺教学，决定建立电化教学和专业工艺教室，增加必要的工艺设备。⑤加强科学研究是提高学校学术水平和教学质量的重要措施，必须尽快建立和充实研究机构，负责全院科研组织工作。《意见》还就学院领导机构、思想政治工作、总务后勤工作等提出调整措施。随后，各系就《意见》提出的整改措施展开讨论和调查研究。下半年各系根据专业方向和特点调整教学结构，改进教学方法，推动学院各项工作的开展。

2. 教学力量的充实和教学体系的完善

（1）师资与教材建设

面对一直存在的专业师资严重不足的情况，学院一方面充分发挥老教师的力量，保证教学质量，另一方面通过抽调外单位专家人员来充实教学力量，并积极培养研究生，有目的地为各教学岗位储备师资。这一时期，许多优秀的艺术家、工艺美术家调入学院从事教学工作。同时，学院把重点放在从自己的研究生中培养师资的工作上，选派一些优秀毕业生出国留学，增长才干，获取外国设计及设计教育的最新信息。以此使得一批学有专长、年轻有为的青年教师充实到了教学岗位上。经过几年的努力，学院基本上形成了一支老中青相结合的师资队伍，弥补了因"文革"而断裂的学术脉络，教学力量形成规模。

学院在加强师资队伍建设的同时，积极着手教材建设。这一时期，老一辈艺术家相继出版了在全国具有重要影响的学术著作，雷圭元于1979年出版了《中国图案作法初探》，庞薰琹于1980年出版了《中国历代装饰画研究》。在老教师的带动下，各专业的中青年教师积极整理教学积累，总结教学经验，出版各种研究性专著和作品集，其中有许多在中国工艺美术教育史上产生了深远影响。

（2）工艺美术教学体系的不断完善

经过几年的恢复与重建，学院的教学基本走上正轨，各系都形成较为合理的教学体系。

染织美术系教学始终坚持整体设计的出发点，结合自身专业特点形成了独特的图案基础教学模式，要求学生从自然界、传统、民间以及国外相关专业设计或绘画艺术中兼收并蓄地吸收精华，以获得创作灵感。同时强调构思训练，重视构思草图的作用。课程设置明确规定了绘画基础课、专业基础课与专业设计课的比例关系。组织学生到工厂实习、参观、调查，将实践任务与教学有机地结合起来，取得了显著效果。在完成教学任务的同时，坚持结合社会需要，为相关部门培养优秀的专业技术人才，举办各种短训班。1976年，染织系受国家轻工部委托举办一年制"全国服装研究班"，并组织教师编写相关教材《服装造型工艺基础》、《服装简易裁剪法》等；

1978年，受纺织工业部委托举办全国性一年制"丝绸印花设计班"，并邀请李有行、蔡作意、苏保桢等授课。染织系通过开展服装专题设计教学以及多次举办服装培训班取得了专业教学经验，于1980年正式创建服装专业。

陶瓷美术系教学上历来重视工艺实践，无论是造型基础课、装饰基础课，还是陶瓷设计课，都能针对各自需要，结合进行内容和形式各不相同的工艺实践教育和训练，以培养学生手脑并用、理论联系实际的综合设计能力。一、二年级侧重于对象描绘、表达能力和平面、立体造型基础知识、技能的训练及初步专业设计的训练，三年级以后加大专业训练力度，扩大专业视野。最受全国同行瞩目的是该系十分重视文化教育和学术研究，杨永善、陈进海等出版的一系列研究成果在专业领域产生了广泛影响。

装潢美术系的教学突出商业美术与书籍装帧设计的核心地位。学生的毕业创作主要集中于招贴广告、包装设计以及书籍封面、插图等方面，强调实用性。在教学中力求培养学生科学与艺术相结合、设计与生产相结合的设计思想，以及灵活多样的设计手段。专业课不仅重视工艺，同时注重民族、民间风格，注重结合生产实际。通过教学改革，确立了"两头小，中间大"的教学体系，即专业与绘画基础比重小，加大专业基础训练。1980年开设摄影课，随后又陆续开设色彩学、构成课、专业水粉课、版画技法课、黑白画课等专业基础课。其中，色彩学是在改革原有色彩课的基础上，从色彩科学与视觉心理方面来培养学生掌握色彩知识与技能，使之更好地适应创作设计的需要；想象构成课着重培养学生的设计思维能力和表现能力，在全国同行中有重要影响。该系参与了社会许多知名机构的形象设计，其中有国内主要银行、政府机构的标志设计。

工业美术系，1977、1978、1979级三个班不分专业，以室内设计专业为主，兼学工业品造型方面的课程。鉴于当时涉外饭店不断涌现,急需室内设计人才,工业美术系1980年分为室内设计与工业产品设计两个专业。工业美术系确定了从总体出发的专业课教学结构,重视专业设计课与模型制作、实物制作与社会任务相结合。课程设置上紧扣专业特点和需要,强调系统性,突出重点。同时,根据不同专业特点,采取由个别到整体和由整体到个别两种循序渐进的专业教学体系。1981年下半年,工业美术系在基础课程中试行构成课,并且与传统的图案课有机地结合,从抽象构成向应用设计过渡,逐步丰富了不同材料、不同工艺特征的构成教学,在授课内容上,根据专业需要有空间构成或立体构成等的不同侧重。图案课注意与专业设计教学的衔接,强调民族、民间特色,教学安排上横跨基础和专业设计两个领域,试开了民族、民间图案、传统陈设、中国古建筑装饰概论等课程。除了在课堂进行必要的理论讲授以外,还安排学生进行有目的的、有适当深度的社会调查,选择典型实例作针对性讲解,要求学生写调查报告并作为考核内容计算成绩。曾先后为燕京饭店、昆仑饭店、钢铁研究院等建设工程做了设计方案。

特种工艺美术系,拥有深厚的民族工艺传统与较强的师资,建构了较为合理的基础教学、专业教学、工艺制作的课程结构。教学上重视基础、专业设计、工艺制作几个方面相互配合和合理平衡的内在结构,强调:①深入生活,设计反映新时代生活的内容;②在创作设计课程中有计划的进行工艺材料的教学;③高年级的专业创作设计尽可能地结合社会任务;④重视对中华民族传统艺术及民间艺术的钻研。1981年,特艺系为明确专业方向,进一步提出本科生以培养装饰壁画人才为主,改为以培养多种工艺装饰绘画人才为主;装饰雕塑以推动当代装饰雕塑发展为人才培养目标;提出一专多能、小型多样的方针,以适合社会的需求。该系与各地工艺美术厂、工艺美术研究所建立了密切联系,许多学生的毕业创作是在下厂实践中完

1981年，81届研究生毕业典礼

成的。为了适应生产部门的急需，几年来除了重视、提高、健全本科生的教学工作以外，还重视短期进修生的培训工作。特艺系师生完成了许多重要的装饰壁画和室内外装饰雕塑，以及多种材料、形制、风格的工艺设计。

1981年11月，学院成为国务院批准的首批硕士学位授予单位，学科名称为工艺美术历史及研究，下设陶瓷美术研究、装饰雕塑研究、商业美术研究、书籍装帧研究、室内设计研究、染织美术研究、装饰绘画研究7个专业研究方向。

学院在着手稳定教学秩序、加强教学研究的同时也进一步改善基础建设，进行了大规模的校园校舍的修缮和教具的制作维修。1979年3月，由陈叔亮题写馆名的新图书馆正式开馆。

随着改革开放的逐渐深入，学院加强了与国外同类艺术院校的学术交流。1978年8月14日，美国艺术院校访问团的6位成员前来学院参观座谈。双方交流了两国工艺美术教育的发展情况，这是学院恢复教学以来第一次接待外宾。此后，不断有来自美国、英国、德国、日本、加拿大、挪威、芬兰、瑞典等国的外宾来访，同时，学院也开始对外派出考察团，加强与国际工艺美术教育界的交流。

（3）展示教学成果

1980年9月22日，由中国美术家协会和学院联合主办的"中央工艺美术学院师生作品展览会"在中国美术馆揭幕。展览历时20天，展出的主要是近三年的师生作品，约11个种类，包括陶瓷设计、染织设计、装潢设计、书籍装帧设计、服装设计、室内设计、工业造型设

1980年9月22日，在中国美术馆举办学院师生作品展览

计、装饰绘画、装饰雕塑等，共2000余件作品。展览向社会宣传了工艺美术各专业的最新设计与创作的成果和艺术上的新探索。国家领导人、各相关部委负责人到会参观，并肯定学院在恢复教学以来所取得的成绩，对学院未来的发展提出建议。这次展览会不仅吸引了大量的国内观众前来参观，同时也引起了外国同行和有关人士的关注，荷兰工艺美术家代表团及几十个国家驻华使馆人员饶有兴趣地参观了展览，并给予了高度评价。展览在社会上引起了强烈的反响，受到了社会各界的好评，同时也扩大了学院在国际上的影响。

为了增进美术院校间的教学交流，推动教学研究，提高教学质量，在文化部艺术教育事业管理局的倡议和组织下，我院和中央美术学院等8所美术院校联合举办了"全国高等美术学院学生作品巡回展览"，展览于1980年9月1日在中央美术学院陈列馆及美院附中展览室展出。学院通过组织我院学生参展，向兄弟院校及社会各界展示了学院学生的创作设计水平，加强了与其他院校的学术思想交流。

3. 加强学术研究

自建院以来，学院为国家和社会承担了大量建筑装饰、装饰艺术、日用工业品造型、日用陶瓷等设计任务，学院师生始终坚持设计结合生产，表现了突出的设计能力和艺术水平，产生了广泛的社会影响。为了在完成教学任务的前提下挖掘设计潜力，使专业设计与生产实践相结合，有计划地组织创作设计活动，既能增加办学经费收入，又能改善教学条件和教职工生活，1980年成立"中央工艺美术学院设计中心"。1980年3月，在特艺系装饰雕塑专业的基础上成立"郑可工作室"，以研究现代金属工艺和装饰雕塑为主，为国家培养金工雕塑的高级专业人才。

1980年6月，《装饰》杂志在休刊19年后复刊（丛刊），丁聪担任艺术指导，仍由人民美术出版社出版。1981年10月，由黄能馥主持编辑的学术刊物《工艺美术论丛》第1辑出版，吴劳任主管，丁聪任美编，由人民美术出版社出版，到1982年共出版3辑。

为进一步提高学术水平和教学质量，1982年1月，学院成立研究部，由副院长李绵璐主管，统一负责全院科研、情报资

《装饰》复刊第1期，1980年　　　　　《工艺美术论丛》第1辑，1981年

料、《装饰》杂志、设计中心及工艺教室的管理工作。

《工艺美术参考》第1期，1982年

为"研究探讨工艺美术的学术理论；总结交流工艺美术教学、科研、设计、生产等方面的经验，其中着重是教学和研究工作的经验；提供国内外工艺美术情报资料和动态，以提高教学质量，改进工艺美术设计，促进生产发展"，1982年7月，研究部编辑出版了以提供工艺美术研究参考资料为主的内部刊物《工艺美术参考》第1期，不定期出版。1983年12月，转由《装饰》编辑部编辑；1985年1月，转由工艺美术史论系编辑；1988年3月，转回《装饰》编辑部编辑。《工艺美术参考》因为其信息量大、及时，文风活泼，观点鲜明而受到全国同行的普遍欢迎。直到1991年，共出版40期。

4. 建院二十五周年庆典

1981年11月1日，学院举行建院25周年庆祝活动。轻工业部副部长乔明甫、杨玉山、文化部副部长林默涵、中国美协主席江丰、北京市委副秘书长贾星五、国务院机关事务管理局副局长谢邦选及兄弟院校、有关方面负责人参加庆祝大会。院长张仃首先作大会发言，介绍学院建院25年来的成长和发展过程，并对学院未

1981年二十五周年院庆纪念章和印染小壁挂

来的发展提出几方面的要求，希望学院进一步明确办学方向，坚持课堂教学为主，联系生产实际，坚持两条腿走路，坚持工艺美术为人民服务，为社会主义服务，要充实科研机构，加强各系教研活动。文化部、轻工部、中国美协的负责人在会上分别作了发言，肯定学院25年来为中国工艺美术事业所作出的贡献。校友代表魏之瑜（1955级陶瓷专业）在会上发言，衷心感谢母校的培养、恩师的教诲。院庆期间在学院举办了院庆作品展览并制作了纪念章和印染小壁挂。

四、"西山会议"

由文化部和轻工业部联合主办、我院筹备的"全国高等美术院校工艺美术教学座谈会"，于1982年4月16日至28日在北京西郊北京军区第一招待所召开，座谈会又称"西山会议"。参加会议的有中央工艺美术学院、浙江美术学院、鲁迅美术学院、广州美术学院、四川美术学院、西安美术学院、天津美术学院、南京艺术学院、无锡轻工业学院、景德镇陶瓷学院、湖北艺术学院、吉林艺术学院、广西艺术学院、苏州丝绸艺术学院、湖北轻工业学院等15所艺术院校的代表，中国美术家协会、中国工业美术协会、轻工业部工艺美术公司等有关单位应邀派代表参加会议。另有云南艺术学院、浙江丝绸工学院等院校派代表列席会议。会议还特别邀请庞薰琹、雷圭元、吴劳、郑可、沈福文、邓白、祝大年等工艺美术界老一辈的教育家和学者出席会议。出席会议的代表共计118人。

会议由中央工艺美术学院院长张仃主持，并致开幕词，介绍工艺美术教育发展现状，说明会议的意义与任务，提出工艺美术教学中存在的主要问题。轻工业部副部长季龙、文化部副部长林默涵到会讲话。

这是一次有重要影响的学术性专业座谈会，是新中国成立三十多年来第一次工艺美术教育界的盛会。会议总结交流了工艺美术教学的经验，讨论了工艺美术教学中存在的问题，提出了改进教学的意见

1982年4月，全国高等美术院校工艺美术教学座谈会在北京西山召开

和发展工艺美术教育事业的建议。

会议主要围绕以下几项内容展开：①讨论工艺美术设计课的有关问题，包括教学任务、目的、内容、要求；工艺美术设计课如何体现"为人民服务、为社会主义服务"的方向和"百花齐放、百家争鸣"的方针；如何与生产劳动相结合；深入生活、生产实习、市场调查的目的和要求。②讨论工艺美术设计课与基础课的关系，包括工艺美术设计课与绘画基础课、专业基础课的关系；基础课课程设置、教学内容、比例安排等；基础课的任务、目的、内容和要求。③交流教学经验，由中央工艺美术学院介绍立体构成教学，广州美术学院介绍色彩构成教学，四川美术学院介绍归纳水粉教学，西安美术学院介绍工艺素描教学。④对工艺美术教学改革提出建议。⑤国外工艺美术教育情况介绍。⑥教学成果观摩。

围绕会议议题，与会代表重点讨论了工艺美术教育的特点，工艺美术各专业设计课的内容和任务，各专业基础课的设置和要求及其与专业设计课的关系，工艺美术专业共同课应开设的科目，如何加强基础理论教学，提高设计能力等问题，达成了共识。与会代表认为，工艺美术各专业有自己的培养目标和专业要求，应根据工艺美术教学的特点，根据专业应具有的

知识结构开设课程，不能把工艺美术教学简单地理解为工艺加美术。工艺美术各专业要贯彻"古为今用，洋为中用"，"百花齐放，推陈出新"的方针。要学习中外古今一切有用的东西，深入研究传统，不断研究借鉴国外新成就，丰富我们的教学内容，防止专业知识老化。

各院校代表还同国家计委、轻工业部、文化部、教育部、纺织部、商业部、外贸部等有关部委座谈了关于工艺美术教学体制、培养目标、专业设置、专业分工、招生工作、毕业分配、实习场所等问题。会前，各院校进行准备工作，向会议提供了教学总结、专题探讨、经验介绍、教学方案、教学大纲等60余份材料。会议期间放映了各院校教学成绩录像、幻灯片等。

我院庞薰琹、郑可、祝大年等作了重要发言。其中，庞薰琹以"建议"为题，对工艺美术教学提出中肯的建议，主张办学形式多样化，加强师资培养，课目方面加强专业课和理论课，课程安排注意连续性和实习制作，加强设计、试作与创新，提高设计水平，为生产与市场服务。郑可以"对工艺美术教学一点初步看法"为题，分析国内外工艺美术的形势，主张现代工艺美术应面向现代大生产，加强手脑训练，加强设计的功能与价值。祝大年以"生产——美术——设计"为题，论述工艺美术的生产、美术、设计，主张切合国情，立足生产，以求创新。此外，我院发言的还有：张守智的《谈日用陶瓷设计课教学与生产相结合》、何镇强的《工业美术系专业绘画课程探索》、辛华泉的《谈设计基础教育——构成》、余秉楠的《版面设计的形成法则》，以及1980年年底罗扬实、邱陵、李绵璐、陈汉民赴法国、瑞士考察工艺美术教育的报告《法国的工艺美术教育》、《瑞士的工艺美术教育》。

这次会议对进一步开展工艺美术教学研究，提高教学质量产生了积极的推动作用，也为新时期工艺美术教育的发展指明了方向。会后，我院各系根据座谈会精神及专业发展的需要，

全国高等院校工艺美术教学座谈会代表合影
1982年4月

1982年4月，全国高等院校工艺美术教学座谈会（又称"西山会议"）代表合影

进行了一系列研究讨论，制定了各专业教学方案和各门课程的教学大纲，以及四年的教学进程表。

第五章

改 革 开 放

　　20世纪80年代初，在改革开放的社会背景下，各种思潮和学术观点风起云涌，中国进入探讨、锐意改革的新时期。学院适应时代的发展与社会的需求，在教学、管理上做了诸多调整，学科建设的规模和体制、教学秩序等都得到较快的发展。专业设置日趋合理，在校生人数、校舍建设、教学设备、图书资料等都有显著增加。对外学术交流加强，扩大了学院在国内外的知名度和影响力。

一、新时期的办学思想及领导班子调整

1981年9月，轻工业部党组根据中央"培养选拔中青年干部，实现干部革命化、年轻化、专业化、知识化"的精神，任命常沙娜、李绵璐、张瑞增为副院长。1982年12月，计惜英任党委代理书记，昭隆、蔡诚秀任副书记。1983年4月16日，常沙娜任院长，李绵璐、张瑞增分别任分管教学、行政和后勤的副院长。1984年8月，计惜英离休，周显东任党委书记，同时前任老院长们相继离休。11月成立中央工艺美术学院咨询委员会，聘请陈叔亮、庞薰琹、雷圭元、张仃、吴劳、郑可、祝大年、白雪石、俞致贞、张振仕、杨子美、奚小彭、叶喆民、尚爱松任委员，张仃任主任委员。同年11月，成立新一届学术委员会和相应成立了学位评定委员会。

1983年初，学院确定以改革为工作要点，从办学方针、教学体制、专业设置、用人制度、招生制度到提高教学质量、人才交流、后勤工作和思想政治工作等方面展开一系列改革。1983年8月经多次修改形成《中央工艺美术学院改革汇报提纲》，明确学院的办学总方针为："发展现代化的高等工艺美术教育，为生产服务，为美化人民的生活服务，为社会主义现代化服务。"并确定了学院的发展规模和编制，制定了教师工作规范和岗位责任制度。1985年5月27日，中共中央颁布《关于教育体制改革的决定》，要求从教育体制入手，有系统地进行改革。1986年6月，学院制定了"七五"发展计划。在实施发展计划的五年里，提出拓宽和调整专业结构，改革教学内容与教学方法的要求。强调"加强基础、增强能力、拓宽专业、突出特色"的教学改革原则和学群教学结构，在基础教育阶段，拓宽知识面，模糊专业界限，适当引进竞争机制，使学院

1984年，雷圭元、庞薰琹、陈高华、奚静之参加学院首位硕士生尚刚毕业答辩会

真正成为教学、科研、设计三位一体的唯一的综合性高等工艺美术设计学院。

根据时代发展的需要，学院突出各专业的设计理念，即艺术设计。1986年，"中央工艺美术学院"的品牌不变，对外宣传的英文名称由The Central Academy of Arts and Crafts改为The Central Academy of Arts and Design。

在深化改革的过程中，学院实行党委领导下的院长负责制。重大决策和改革部署首先由党委会集体讨论研究决定，实行院务会、院长办公会及学术委员会的会议制度。

1984年5月，副院长张瑞增调轻工业部工作，轻工业部任命林义成为分管行政、后勤的副院长。1985年4月，张世礼任副院长，任维武任党委副书记。1986年底，党委书记周显东病逝。昭隆由中国轻工业报社调回学院，接任党委书记。1989年3月，在学院第三届党员大会上，昭隆连任党委书记，高沛明任党委副书记。

二、多层次教学体系的建立

20世纪80年代，学院的专业设置及专业教学，从整体结构上，已形成了由专科、本科、硕士与博士研究生及成人教育组成的多层次教学体系。在办好本、专科的同时，学院还为各企、事业单位举办了各类专业在职人员进修班、培训班，以及与有关地区联合举办专业证书班、自学考试班，为社会培养了适应实际工作需要的各种人才。各专业都有新的发展，创建了许多适应社会需求的新专业。

1. 师资建设

学院在发展的过程中集聚了一批著名的工艺美术教育家、专家、史论学者和中年教学骨干，使学院在20世纪80年代得以快速发展。80年代初，学院又选派优秀青年教师出国留学，学习国外艺术设计教育的先进经验，为拓宽原有的专业学科积累师资力量。先后公派或以其他不同支持方式留学的教师有柳冠中（德国）、张绮曼（日本）、王明旨（日本）、李当岐（日本）、鲁晓波（德国）、包林（法国）、张夫也（日本）、郑曙旸（美国）等。学院此时已形成一支经验丰富、学术水平及年龄结构合理的教学、学术研究、创作设计以及教学管理的师资和管理梯队。

2. 创建新专业

自建院以来，学院的学科发展始终和国家的经济建设紧密相连。在改革开放的背景下，学院的学科建设积极适应社会主义市场经济发展的需要，适应国际艺术设计教育发展的形势，在原有专业的基础上拓宽了学科领域。80年代初，在张仃、

1983年，工艺美术史论系首届本科生与部分教师合影

庞薰琹等的支持下，学院相继在全国率先创建工艺美术史系、服装设计系、工业设计系，随后，全国各地的一些艺术院校也纷纷建立了相应的专业。1984年1月，在国家颁布的第二批硕士学位授予学科中，学院添加了中国工艺美术史、工业造型、服装设计等三个专业研究方向。

（1）工艺美术历史与理论系

庞薰琹、张仃、雷圭元、吴劳、陈叔亮等都十分重视工艺美术理论的建设。庞薰琹在1979年恢复副院长职务后，即主张建立工艺美术史系。尚爱松亦曾数次向时任院党委书记的罗扬实建议，应尽速考虑建立工艺美术史系。工艺美术史系于1982年筹建。1983年4月1日，教育部同意学院增设"工艺美术史"专业，全国第一个工艺美术历史与理论系在学院成立。该系主要研究中外工艺美术的历史、现状以及相关理论，学制四年。同年9月，第一批17名本科生入学。奚静之任系主任，田自秉任副系主任。

（2）服装设计系

1984年9月，服装设计系成立大会

张仃、雷圭元院长十分关注服装作为新兴学科在学院的发展。染织美术系服装设计专业自1980年开始招生，先后招收了两个专科班（30名），一个本科班（14名）。经过几年教学经验的积累、师资的调整和补充以及服装专业教材的编写与筹备，1984年9月20日，学院在全国率先成立服装设计系，当年招生40名，学制四年。雷圭元、庞薰琹致信祝贺，前辈们对这个新建的系寄予厚望。白崇礼、袁杰英、魏雪晶任副系主任。在重视健全和逐步提高本科教学质量的基础上，为满足社会需要，服装系实行组织短期培训、接受单位委托代培或函授教育等多种办学方式，学习内容与学习期限根据需要与条件设定。

（3）工业设计系

20世纪50年代初国家实施"第一个五年计划"时，中国的工业产品设计受苏联和东欧社会主义国家的影响，有了初步的发展。在学院内部，关于工业设计教学的尝试也以图案班的形式开展起来。但一方面由于计划经济体制的制约，另一方面由于连续不断的社会动荡，中国的工业设计并未真正发展起来。1975年，建筑装饰美术系更名为工业美术系。1978年，招收柳冠中、王明旨两名最早的工业造型

1984年7月16日，轻工业部下发的《关于你院建立工业设计系、室内设计系的复函》

专业研究生，80年代初又将他们分别送往现代设计发达的德国和日本学习深造。经过长期酝酿，1984年7月16日，工业设计系在全国率先建立，柳冠中任系主任，王明旨任副系主任。

同时，原工业美术系下属的室内设计专业独立为室内设计系，撤销原工业美术系。

3. 修订学科目录与专业、学系设置

1987年9月4日，受国家教委关于重新修订高等学校本科专业目录的委托，学院组织召开专业目录审定研讨会，讨论修订"高等学校工艺美术类本科专业目录的指导思想和原则"、

"工艺美术类专业说明"，并提出我国工艺美术应设的14个专业。"专家审定会"9月10—12日在学院召开，张仃、沈福文、邓白等著名的工艺美术家参加了审定。从1988年起，国家教育委员会规定按照新修订的专业目录招生。

为了强调艺术设计观念与内涵，根据新修订的专业目录的要求，1988年，学院各专业称谓中的"美术"改为"设计"，各系系名作了相应的调整。至1989年上半年，学院设有陶瓷艺术设计、染织艺术设计、服装设计、装潢艺术设计、书籍艺术、环境艺术设计、工业设计、装饰艺术、工艺美术历史与理论9个系13个专业。至此时，学院成为全国专业设置完整，设计与工艺、专业与社会需求相适应的全国唯一的艺术设计类最高学府。

（1）陶瓷艺术设计系

陶瓷艺术设计系设有陶瓷设计专业。陶瓷设计专业是学院开设最早的专业之一，培养日用陶瓷（餐具、器皿、茶具、咖啡具）、艺术陶瓷的设计人才。专业教学中注重学习传统陶瓷艺术技巧，并借鉴外国优秀的陶瓷艺术，注重造型与装饰的整体设计训练，强调基础与专业相结合。为适应社会对陶瓷设计人才的需要，教学中着重培养创作设计能力，熟练掌握工艺技巧。陈若菊、杨永善先后任系主任。1989年2月22日，陶瓷美术专业被定为部属院校的重点学科。

陶瓷艺术设计系教学场景

（2）染织艺术设计系

染织艺术设计系设有印染设计、织绣设计专业。印染设计专业注重学习传统图案及写生变化，培养学生的整体观念与设计能力。强调基础训练服务于专业，专业教学与社会实践相结合；织绣设计专业培养从事各种纤维，如棉、麻、毛、丝、化纤等织物的美术设计人才。着重装饰造型和专业基础训练，从室内装饰和服装整体要求出发，既有敏锐的设计构思又能掌握生产工艺。为使教学适应生产和生

染织艺术设计系教学研讨场景

服装设计系教学研讨场景

活需要，各专业师生定期到工厂实习，进行社会调查，了解国内外市场动态，在完成教学任务的情况下，结合社会任务，从事创作实践，使课堂教学成果直接为社会服务。温练昌任染织艺术设计系主任。

（3）服装设计系

服装设计系设有服装设计专业。服装设计专业是一门与造型艺术、工艺学、社会心理学、商品学、美学密切相关的综合性艺术学科，培养从事服装设计、教学和科研的专门人才。教学中注重专业基础理论、专业设计与工艺实践的结合，注重对学生的思维观念、创造能力、及艺术、技术表达能力的全面训

练，组织教材编写，进行开放式、多层次教学。袁杰英任服装设计系主任。

（4）装潢艺术设计系

1985年下半年，装潢美术系更名为装潢艺术设计系，设商业美术专业。装潢设计与现代社会经济和文化发展关系至为密切，教学中注重培养学生具有科学与艺术、设计与生产相结合的设计观念，培养学生掌握新颖丰富的设计表现手法，并结合教学，组织学生参加社会调查、业务实习等实践活动。阿老、邱陵、陈汉民先后任装潢艺术设计系主任。

（5）书籍艺术系

1958年学院已在装饰绘画系设置了书籍装帧专业，当时是全国仅有的一个培养书籍装帧设计人才的专业。书籍装帧专业于1979年恢复教学，设在学院装潢美术系。经过多年的教学实践，书籍装帧专业的教学已形成体系，并拥有一支实力较强的师资队伍，1985年下半年由装潢美术系的书籍装帧专业，分立出书籍艺术系。书籍艺术系设书籍装帧专业。培养书籍封面、插图、装帧、编排以及文化类商品宣传设计的专门人才。余秉楠

装潢艺术设计系教学研讨场景

书籍艺术系教学活动场景

任书籍艺术系主任。

由于国家教委实行新专业目录的限定，1990年撤销书籍装帧专业，书籍艺术系归并到装潢艺术设计系。

（6）工业设计系

工业设计系设有工业设计专业。工业设计专业强调学习社会科学、自然科学中多种学科的知识，如应用物理、数学、生理学、美学、市场学、价值工程学等。该专业培养学生掌握工业产品设计理论、方法和技巧，也能胜任社会上各种实用美术工作。开设了设计思维方法、设计基础等11门新课程，并确立了中国设计教育体系的教学大纲；形成多层次的教学结构，制定严格的教学科研管理制度（包括备课、试讲、研讨、下达任务书、教材编写和

工业设计系教学研讨场景

评审等）。1990年10月15日，轻工业部教育司同意学院工业设计系开设"展示艺术设计"专业，于1991年招收专科学生，学制两年。柳冠中任系主任。

（7）环境艺术设计系

1984年，工业美术系分立出室内设计系，张世礼任主任。室内设计系贯彻学院教学、科研、设计三位一体的改革精神，与北京市建筑设计院合作培养一个班（15名）本科生，日后成为北京市室内设计的骨干力量；并接受北京市建筑设计院邀请，承担拟建的人大常委办公楼室内设计工作。

1986年6月，张绮曼从日本留学回国，任室内设计系主任。1987年，为扩大室内设计专业内容，将室内空间设计扩展

环境艺术设计系教学研讨场景

装饰艺术系教学场景

到外部空间环境设计，室内设计系向学院提请改名为环境艺术设计系。1988年5月，室内设计系更改名称为环境艺术设计系，招收环境艺术设计专业学生。张绮曼任系主任。

环境艺术设计系设有室内设计专业和家具设计专业。室内设计专业的教学，注重树立空间环境的整体设计观念。从园林、建筑及室内设计、陈设艺术等多方面的设计教学中，对学生进行基础技能的训练，不断增强艺术修养和现代科技知识，强化创造力。家具设计，是室内环境设计的重要组成部分。家具设计专业通过课堂教学、操作实习等活动，联系生产实际和生活实际，开发学生的智能和进行设计技能训练。把创造力的培养，放到教学的首位，以培养各类家具设计的专门人才。室内设计系改名为环境艺术设计系后，全国相关院校也相继将相关专业改称环境艺术设计。

（8）装饰艺术系

1988年，特种工艺美术系更名为装饰艺术系。装饰艺术系设有装饰绘画、装饰雕塑、金属工艺、漆艺4个专业。装饰绘画专业创设于1958年，主要培养建筑装饰壁画、工艺绘画及其他装饰画的创作、研究和教学人才。1977年装饰绘画专业恢复后归属特种工艺系。其1980年确立的专业创作教学与工艺材料的科研相结合，与社会实践相结合，重视民族民间艺术传统与学习西方现代艺术相结合的"三结合"专业教学思想，体现着老中青三代专业教师共同的教学主张。1984年，为发挥老教授的学科导师作用，分别设立张仃工作室和郑可工作室。实行三、四年级的工作室制，开设新的专业基础课与创作工艺课，强调专业教学结合社会任务。装饰雕塑专业旨在培养室内外公共环境装饰雕塑创作、教学与研究人才，教学上注重雕塑基础、装饰基础与艺术修养的提高，着重平面造型与立体造型两个方面的训练，不断加强专业创作能力及对中国传统雕塑的系统研究。金属工艺专业以首饰设计、金属陈设品与纪念品设计为主要教学内容。设有专业绘画、雕塑基础专业制图、金属工艺概论、金属工艺设计及制作等课程。1988年增设漆艺专业，以漆工艺绘画教学为主，强调创作与生活的结合，通过艺术实践，加强学生的漆工艺制作能力。袁运甫任系主任。

（9）工艺美术历史与理论系

　　1983年，学院成立工艺美术历史与理论系，1988年改称工艺美术史论系，设工艺美术史论专业，培养能从事教学、理论研究、编辑及博物馆工作的专业人才，结合教学，组织学生参加社会调查、业务实习等实践活动。奚静之任系主任。

　　1986年，工艺美术历史及理论专业成为全国工艺美术领域首

工艺美术史论系教学场景

个具有博士学位授予权的专业学科，指导教师为田自秉、王家树。1987年招收首位博士研究生祝重寿，导师为田自秉。

（10）夜大学部

学院于1985年7月成立夜大学部，实行工艺美术基础知识、应用知识与技能的专科教育。根据社会需要，分阶段先后开办工业设计、展览设计、装潢设计、室内设计、织绣设计等专业班。夜大学部归属教务处，由成人教育科直接管理。学院主管教学的副院长李绵璐兼任夜大学部校长。1991年6月，夜大学部改称成人教育部。

4.教学改革与基础部的建立

学院在1984年成立绘画基础课教研室，主任权正环，副主任庄寿红、刘永明。1985年1月中旬，轻工部高等教育研究协作组工艺美术分组成立会在中央工艺美术学院召开。会议选举李绵璐为组长，余进宝为副组长。1986年8月7日至10日，由中央工艺美术学院筹备，大连轻工业学院负责承办的"轻工高等教育研究协作组工艺美术分组专题讨论会议"在大连轻工业学院召开。会议就各院校共同关心的工业设计、服装设计、包装装潢设计三个专业的办学思想、培养目标、专业范围、课程设置、学生入学条件以及校际间的协作等问题进行了讨论。会议还关注与当前教学改革比较密切的问题：关于基础课教学如何更紧密地结合专业教学实际的问题；产品设计中的民族化、传统化与现代化的关系问题；学校与企业、教学与生产的关系问题，即教学如何适应社会生产需要的问题。

1988年5月28日，学院按照"七五"规划要求和近年教学实践以及社会对工艺美术设计人才的需求情况，决定从建立基础部着手，根据"加强基础教育，拓宽知识面，以适应社会对工艺美术人才知识结构的需要。适当引进竞争机制，提高教学质量"的原则，迈出学院深化教学改革的重要一步。1988年7月21日，基础部成立，同时撤销原马列主义教研室和绘画基础教研室。

基础部教学场景

为拓宽专业知识面，打破专业界限，教学改革内容为：按专业招生，本科新生入学后，即进入基础部进行具有工艺美术特点的基础课的全面训练，以加强基础知识及基本技能学习，加强学群意识，模糊专业界限，拓宽知识面，为下一步进入专业学习和将来适应社会、转移开拓新的工作领域打下坚实的基础。实现二二制和以工艺美术基础教育为特征的学群教学结构，一、二年级均在基础部按学群分班学习，以学群编制安排共同基础和专业基础课程。通过升级分流考试及德智体全面考核，成绩合格者升入专业系用两年时间完成本科学业。

基础部设造型基础教研室（下设素描、色彩、国画、雕塑4个教研组）、设计基础教研室（下设图案装饰、构成字体、设计表示、材料工艺4个教研组）、政治文化教研室（下设政治、史论、外语、体育4个教研组）。分三个学群：工业、环境艺术；染织、服装、陶瓷；装潢、装绘、装雕。黄国强任基础部主任，辛华泉、高沛明、袁智聪任副主任。蔡厚菊任政治文化教研室主任，郭莲莲任副主任；侯德昌任造型基础教研室主任，庄寿红、刘永明任副主任；辛华泉任设计基础教研室主任（兼），王小飞任副主任；梁乐宜任基础部办公室主任。1991年，《基础部教学大纲》修订完成。

三、教学管理、教学设施与教产结合

1. 教学管理

1979年5月学院新领导班子成立后，建立了教务处。教务处是学院实行教学管理的重要职能部门，下设教务科、师资管理科、学籍科、研究生科、招生办公室、教学设备管理科、成人教育科（后成立成人教育部）。为加强教学管理、教材建设和信息交流，学院重新修订《学生手册》，制定《教师工作手册》和《教师职务细则》，

20世纪80年代，学院正门

编印《教学动态》及全国工艺美术教材刊物《设计教育》。1979年—1999年，陈寒、邱承德、崔栋良、张廷禄、黄维等先后任教务处长。

1986年起，学院管理体制改革经过四年的努力，实现了学生宿舍公寓化管理，同时助学金制改为奖学金制。对部分后勤部门的管理实行责任承包制。1988年开始，在食堂、车队、学生公寓及有关后勤服务部门全面实行责任承包制；同时各系、处馆、室实行经费切块包干制。

2. 教学设施

从1976年开始，学院先后兴建了图书馆楼、留学生楼、工

艺楼及教职工宿舍，总计35 237平方米，改善并健全了学院的教学设施。为了加强设计与实践相结合的教学模式，保证教学工作的顺利开展，学院筹资兴建了多个实习工场，陶瓷专业搭建了梭式窑。盖窑棚、土电炉以及烤花炉的安装、练泥机的调整、注浆及原料室的设备安装、土升降机的安装等，基本上使陶瓷专业的实验室初具规模。同时建设的还有特种工艺系的金工实验室、磨漆作坊、染织系的丝网印工作室、工艺室等。

20世纪80年代，学院图书馆教师阅览室

光华路校园里的西游记浮雕壁画(局部)，郑可、何宝森设计，20世纪80年代初

1985年8月30日，学院成立教学实验大楼基建管理处。1986年3月，工艺楼落成，建立实验室管理处，由王忠信任处长，方厚鑫任副处长，设木工、印染、服装、漆艺、陶瓷、印刷、摄影、装裱、电脑、电教等工艺实验室。工艺实验室的设立为各专业教学提供了较完善的实验场地，也为提高教师、学生实际动手能力，创造专业成果提供了有力的保障。

自改革开放以来，图书馆仅订购的外文期刊达数百种之多，至20世纪80年代末，学院图书馆的藏书增加到17万册。经过几十年的积累，图书馆珍藏了丰富的实物资料，以中国古代书画、古代陶瓷、古代家具、古代织绣艺术品最有特色，已有数量众多的古代陶瓷、古代家具、古代织绣艺术品、古代书画等收录于国家最具有权威的《中国美术全集》之中。为方便师生查阅资料，图书馆设立了教师和学生阅览室，并增设中外工艺品藏品陈列室。学院还在图书馆楼和工艺楼分别设立毕业生作品陈列室和展览室，以供各专业展示教学成果。

3. 教产结合

为密切学校和社会的联系，推动理论与实际的结合，加强教学与实践的结合，促进教育、教学改革，提高教育质量，促进科技成果尽快转化为生产力，在切实保证教育质量和科研水平不断提高的前提下，学院充分发挥人才集中、设备先进、图书丰富、信息灵通及多学科综合等优势，为社会提供高层次、高效益的有偿服务，并补充教学经费，改善办学条件及师生生活条件。

1984年，中央工艺美术学院将"设计中心"改为"教学科研设计经理处"，陈寒任处长，负责有计划地接受国内外企业、团体、机关和个人的委托，开展有偿社会服务工作。1985年11月15日，经学院第三十六次党委会讨论决定，成立学院基金委员会，常沙娜任主任，任维武、李绵璐、张世礼任

1988年4月5日，环境艺术研究设计所成立挂牌仪式

副主任。"学院基金"主要用于补充教学经费、改善教学和科研工作条件，并适当地改善教职工的文化生活、福利待遇和劳绩奖励。1988年5月26日，"教学科研设计经理处"改名为"中央工艺美术学院科技开发部"，统筹管理全院对外有偿服务工作，经济独立核算，自主经营，自负盈亏，其创收主要作为学院自筹基金，补充教育经费不足，用于改善学院办学条件，陈寒任主任，董汇斌任副主任。

《中央工艺美术学院院刊》创刊号，院刊编辑部编印，1987年1月10日

　　1985年7月19日，成立科研处，负责全院工艺美术科研的组织、规划、安排科研项目及组织科研验收鉴定等工作，兼筹备恢复"中央工艺美术科学研究所"的任务，何燕明任处长。1987年1月10日，由何燕明、冉宝清主持的《中央工艺美术学院院刊》（月报）创刊，直至1999年11月15日，《中央工艺美术学院院刊》共出版132期。学院并入清华大学后改称《清华大学美术学院院报》，至2003年4月10日共出版了24期。1987年，在原科研处的基础上成立"工艺美术研究所筹备小组"，李绵璐任组长，王明旨、梁任生任副组长。1989年4月10日，轻工业部体制改革司同意学院设立艺术设计研究所。

　　1985年7月，在室内设计系设计室的基础上成立"中央工艺美术学院环境艺术设计中心"，张德山任主任，属学院直接领导的独立核算、自负盈亏的事业单位，对社会展开环境艺术设计、创作设计的有偿服务。1988年4月，经国家计委、建设部批准，学院又在原"环境艺术设计中心"的基础上成立"环境艺术研究设计所"，直接对外承接环境艺术的设计任务。该所是当时全国最早的"建设工程室内设计专业甲级"资质单位之一，标志着我国室内设计业作为一个独立行业开始起步，随后建设部建筑设计院、北京市建筑设计院及上海、重庆等地先后逐步成立了室内设计所、设计部。环境艺术研究设计所由奚小彭任所长兼总设计师，潘昌侯、罗无逸任副总设计师，白振欧任办公室主任，张德山任业务管理部主任，何镇强任设计部主任。1991年6月，张世礼任所长，何镇强任总设计师，黄林任副总设计师。环境艺术研究设计不仅承担一些国家重要工程设计任务，为学院创造了较好的社会效益和经济效益，而且为教学提供了设计实践的场地，培养了一批研究生和进修生。

四、国际交流

在改革开放的新形势下，学院对外出访及聘请外国专家来院讲学的活动日益增多。1980年，由张仃院长推荐，何镇强参加法国蓬皮杜文化艺术中心举办的"中国建筑生活环境（中国

1982年4月，学院领导、教师与美国威斯康星大学来华进修班师生在结业仪式上合影

城乡）展"，与北京市
建筑设计院张开济总建
筑师等两次赴法，这是
改革开放以来中国第一
次对外具有影响力的展
览与交流。1982年2月
22日至4月18日，美国
威斯康星州密尔瓦基大
学艺术系15名学生在露
丝·高教授的带领下来
学院进修，在特艺系学
习中国装饰艺术课程。
这是学院建院以来第一
次以单独编班的方式接
待外国学生。

1982年5月，美国哥伦比亚美术与设计学院作品展在学院举办，庞薰琹、张仃、祝大年、常沙娜与哥院图书馆馆长一同参观

1983年，美籍华人姚庆章在学院讲授"照相写实主义"

　　80年代，学院先
后邀请美籍华人姚庆
章、李小镜先生、美国
新表现主义画家弗朗西斯克·布朗先生，日本东京艺术大学平
山郁夫教授，美国新泽西州亚格斯大学研究生院主任、视觉艺
术教授彼得·斯特劳德与美术系主任视觉艺术教授安东尼·尼
格拉，联邦德国斯图加特国立造型艺术学院工业设计系主任雷
曼教授，联邦德国卡塞尔综合大学造型艺术学院工业设计系教
授德林格博士，日本著名环境造型设计家稻次敏郎教授，日本
筑波大学艺术系工业设计专业原田昭副教授，日本著名室内设
计家樋口治教授、德国书籍装帧专家卡伯尔教授，美国新泽西
州亚格斯大学设计系布鲁内尔副教授，美国纽约时装工艺学院
服装系主任瑞丽教授，美国芝加哥艺术学院斯凯林格副教授，奥
莉森教授、里亚特教授、时装设计系主任里西·包曼教授等外国

1987年，学院授予德国斯图加特造型艺术学院教授克劳斯·雷曼名誉教授称号

专家及访问学者来学院讲学、交流，为各个学科进行国际间专业信息的沟通提供了渠道，也为学院增添了活力。

学院授予联邦德国斯图加特造型艺术学院克劳斯·雷曼教授及日本东京艺术大学平山郁夫教授为名誉教授；聘请日本著名室内设计家樋口治教授、民主德国书籍装帧专家卡伯尔教授、日本东京艺术大学教授稻次敏郎等为客座教授。

1988年，学院成立外事办公室，从组织上、制度上、管理上加强对外交流工作的力度。

五、教学研究与创作设计的成果

1. 展览及获奖

1983年11月，为庆祝庞薰琹教授执教五十二周年，学院在光华路校园举办"庞薰琹教授教学成果展览"，在中国美术馆举办"庞薰琹画展"。1984年10月，第六届全国美术作品展开幕，这届美展是十二大以来新的历史时期规模最大的一次展览。学院以绘画基础课教研室的教师为主创作的作品98幅，被评为银质和铜质奖4幅。11月1日，学院举办庆祝雷圭元教授执教五十七周年活动，"雷圭元作品展览"同时在中国美术馆展出。

1984年，学院与中国工艺美术总公司在北京联合举办"首届壁挂艺术展"，展出多种材料、多样制作手段的现代壁挂艺术品。1985年10月—12月，由文化部主办的"中国现代实用工艺美术展览"在莫斯科东方艺术博物馆举行。展览团团长为我院副院长李绵璐。展览包括牙、玉、木石雕刻；陶瓷、抽纱、刺绣、漆器、银器、景泰蓝、工艺画、玩具等手工艺品及民间工艺；还有学院师生漆

1983 年 11 月，庆祝庞薰琹教授执教五十二周年活动

1984 年 11 月，庆祝雷圭元教授执教五十七周年活动

画、壁挂作品共200套，均为具有民族特点的新作品。

1986年10月30日至12月17日，"中国现代漆画展"在苏联列宁格勒和莫斯科先后揭幕。这是中国现代漆画首次赴外展出。1987年，学院染织设计系壁挂、壁毯设计作品赴欧洲、拉美地区展出。1988年9月20日，学院现代陶艺展览在苏联首都莫斯科开幕。1989年11月27日，学院师生的上千件作品参加了在新落成的中国工艺美术馆举办的首届全国工艺美术展览。

20世纪80年代，学院各系师生创作的艺术设计作品，在国内外获奖总计160余项。其中，服装设计系在国际青年服装设计大奖赛上多次获"国家奖"，多名教师获得"国际女装博

服装设计系1984级学生胡小平作品在巴黎国际青年时装设计大赛上获国家奖，1987年

览会时装设计奖"、"中国时装文化奖"等诸多奖项。陶瓷系张守智、陈进海等设计的茶具，获南斯拉夫萨格勒布第十四届国际博览会金质奖，另有多名教师获得各类博览会、陶瓷艺术展评会等众多奖项。装饰艺术系获"1990年国家教委普通高校专业教学成果一等奖"，专业教师在各类国际比赛及全国美展中多次获得奖项。

1986年，装潢系陈汉民、华健心设计的民居邮票获日本邮趣协会颁发的"最佳邮票奖"；1986年，张国藩设计的生肖"虎票"被日本评为"世界25枚最佳邮票"；1988年，余秉楠获民主德国"莱比锡国际书籍艺术展览谷腾堡奖"。基础部刘巨德担任美术设计的《夹子救鹿》，1986年获广播电影电视部1985年优秀影片奖，1987年获第二届中国儿童少年电影童牛奖优秀美术片奖、印度第五届库塔克国际儿童电影节最佳短片金像奖。环境艺术设计系潘吾华、装潢系邱承德设计的招贴画在意大利米兰举办的国际比赛中获"特别审查奖"。工业系设计的作品，多次在轻工部工业设计评比中获得奖项。

2. 参与国家重大活动及重要设计项目

1984年，学院完成庆祝新中国成立三十五周年的首都游行队伍的队形设计及有关彩车、纪念章、奖状等设计，学院师生参与国庆三十五周年天安门广场大型联欢晚会活动。室内设计系、陶瓷设计系、服装设计系完成了中央书记处会议厅大

《燕山长城图》局部，张仃设计，北京地铁西直门站，1984年

高温花釉陶瓷壁画《中国天文史》，袁运甫创作设计，北京地铁建国门车站，1986年

高温花釉陶瓷壁画《四大发明》，廖东设计，北京地铁建国门车站，1986年

圆桌的设计和加工，以及国务院、紫光阁总理接待厅的装修及沙发、地毯、茶具、工作人员服装等配套设计。学院以特种工

《华夏雄风》，阿老、严尚德设计，北京地铁东四十条站，1986年

《走向世界》，李化吉、权正环设计，北京地铁东四十条站，1985年

艺系和陶瓷设计系为主，完成了京伦饭店内部装饰设计（包括壁挂、挂盘、装饰、浮雕等），完成了长城饭店、中国社会科学院、中国大剧院、西苑饭店、京西宾馆等单位的壁画、玻璃画、刻漆创作，并参加了"全国美术壁毯展览"。

　　1984年10月至1986年10月完成北京地铁工程站台壁画设计共6幅：西直门站的《燕山长城图》、《大江东去图》由张仃设计，蒋正鸿等7位画家参加绘制，壁画尺寸均为70米长、3米高；建国门站的《中国天文史》由袁运甫、钱月华设计，《四大发明》由彦东设计，壁画尺寸均为70米长、3米高；东四十条站的《走向世界》由李化吉、权正环设计，壁画尺寸为70米长、3米高；《华夏雄风》由阿老、严尚德设计，壁画尺寸为62米长、3米高。

1984年，学院受外交部委托，派遣室内设计系教师潘昌侯、张世礼、郑曙旸、李凤崧先后赴我国驻西德、英国、比利时大使馆及联合国驻意大利罗马粮农总部的中国厅，进行室内装修与家具设计和制作，这些设计在民族化、现代化的探索上取得成功。

1985年，中国国际贸易中心中国大饭店室内设计举行国际设计竞赛。在万里副总理和杨波部长支持下，学

中国大饭店夏宫客房，张世礼设计，1988年

中国大饭店夏宫雅间，梁世英设计，1988年

院和北京市建筑设计院组成联合设计组赴港设计。张世礼任组长，奚小彭、吴观张任专业顾问，设计组成员有何镇强、郑曙旸、梁世英等，还特邀常沙娜设计夏宫天花。联合设计组以客房方案中标，取得夏宫中式客房和一部分空间装饰的设计、制作权。中国大饭店是北京第一个五星级饭店，国贸工程是中国建筑设计界第一次参与国际设计竞争，赴香港学习国际投标经验，开创了接轨国际的先河，在建筑设计与室内设计专业中具有一定影响，被北京规划委评为北京十大优秀设计之一。

80年代，学院还完成了北京王府饭店食街、中餐厅室内

1984年，学院师生参与国庆彩车设计及游行活动

设计，约旦使馆春夏秋冬壁毯设计，日本长野县冈谷市点心苑商业设计，北京兆龙饭店高级中式客房室内设计，美国使馆蜡染壁挂装饰设计，北京钓鱼台国宾馆清露堂室内设计，北京钓鱼台国宾馆十二号贵宾楼室内设计，北京钓鱼台国宾馆服装设计，人民大会堂东大厅、接见厅室内设计，北京大观园大观楼室内及家具设计，深圳金碧酒店室内设计，北京日坛餐厅室内设计，法国蓬皮杜文化中心中国建筑、生活环境展览设计，中国驻美国大使馆室内设计，中国驻澳大利亚大使馆室内设计，全运会会旗图案设计，中日青年交流中心标志设计，中国贸促会北京分会会标及徽章设计，欧共体农业科技发展中心玻璃画等。

3. 学术成果

1983年，《装饰》由原来的丛刊改为中央工艺美术学院学报（工艺美术季刊）。改版后的《装饰》以学术研究为主，着重反映教学和学术研究成果。具体内容包括服装设计、染织设计、家具设计、工业设计、室内设计、书籍装帧、商业美术、陶瓷美术、装饰绘画和装饰雕塑等各方面的创作设计经验、工艺制作技法；刊载有关工艺美术的学术论文、译文、科技文献和国内外的最新信息。1984年8月，吴劳任主编，李绵璐、郭华、李尊贤为副主编。1987年11月至1992年5月，何燕明任主编，李尊贤、陶如让为副主编。

1984年12月，学院部分教师参加的新中国成立以来首部由国家编纂的《当代中国的工艺美术》出版。1987年由庞薰琹主编的《中国工艺美术丛书》之一、工艺美术史论系教授田自秉编著的《中国工艺美术史》，获国家教委全国高等院校优秀教材奖。1988年10月由何燕明主持编辑的《工艺美术辞典》由黑龙江人民出版社出版。这些专业著述的出版构建了工艺美术理论体系，并为工艺美术的探索和发展奠定了坚实的理论基础。1987年10月，由学院教务处编选的《中央工艺美术学院学生作品集》获"中国图书奖"。

《中国工艺美术史》(庞薰琹主编的《中国工艺美术丛书》之一)，田自秉著，1987年获国家教委全国高等院校优秀教材奖

由国家组织，学院部分教师参加编撰的《当代中国的工艺美术》，季龙主编，中国社会科学出版社，1984年

1985年9月10日，首届教师节庆祝会上，杨波部长向张振仕颁发从教30年荣誉证书

1987、1989年中央电视台先后与环境艺术设计系、工业设计系合作拍摄专题片《设计与文明》，并在全国多次播放。这些专题片的播放，对普及室内设计、环艺设计、工业设计专业知识，宣传这些专业在国家经济建设和文化建设中的重要意义，促进现代设计观念的转变，起到了积极的推动作用。

20世纪80年代，学院共编辑了200余部教材、论著，其中出版发行的有：柳维和编绘的《蝴蝶图案》，林福厚、亦山编著的《灯具设计》，张仃绘的《张仃焦墨山水》，庞薰琹的《庞薰琹工艺美术文集》，雷圭元、李骐编著的《中外图案装饰风格》，田自秉的《中国工艺美术史》，常沙娜的《敦煌历代服饰图案》，杨永善的《陶瓷造型基础》，黄林、张绮曼编著的《住的艺术》，奚静之的《俄国巡回展览画派》，叶喆民的《中国陶瓷史纲要》，张锠编著的《中国泥人张彩塑艺术》、冯梅编著的《装饰人物造型》等。

4. 首届教师节和三十周年院庆

1985年9月10日是我国第一个教师节。学院举行首届教师节庆祝大会，院长常沙娜、党委书记周显东与雷圭元、陈叔亮、白雪石、张振仕、俞致贞、奚小彭等老先生以及各系教师一同参加大会。轻工业部部长杨波到会讲话，向辛勤工作在艺术教育事业的全体老师表示热烈的祝贺，并向从事教育30年的老教师颁发荣誉证书。

1986年11月1日，学院举行建院三十周年庆祝活动，举办

为庆祝建院30年，编辑出版的《工艺美术文选1956-1986》(北京工艺美术出版社)、《中央工艺美术学院设计作品选（1956-1986）》(北京工艺美术出版社)、《中央工艺美术学院作品集》(湖南美术出版社，1987年获"中国图书奖")

了"师生作品汇报展览",展出9个系、13个专业的近3000件师生作品。展览全面介绍了学院以美化人民生活为目标的办学思想,体现了教学与生产、艺术与科学、理论与实践相结合的教学原则,展示了学院在教学、创作设计与科学研究各方面的成就。由科研处负责编辑出版《工艺美术文选1956—1986》、《中央工艺美术学院设计作品选1956—1986》、《中央工艺美术学院作品集》,还编印了《桃李集》(中央工艺美术学院学生论文选)、《中央工艺美术学院简介》,并制作了纪念章、纪念币等,拍摄了反映学院建院30年的录像片。

第六章

设计的时代

20世纪80年代末，那种基于学术考虑而进行的种种课程革新的热情被日益明显的商业化倾向所困扰，学院发展面临如何适应新的社会需求、迎接新的挑战，将已有的相对完善的工艺美术设计教育体系进一步深化改革。1992年邓小平的南巡讲话，对中国的经济改革与社会进步起到了关键的推动作用。国内形势和国际形势发生了很大的变化，随着社会生产力的发展，现代艺术设计因生活方式的改变而日新月异，新的观念、技术及材料为各艺术设计专业的发展提供了更多的可能，学院以其特有的与国家建设紧密相关联的办学特色，在充满挑战与机遇的环境下进一步发展。

一、教学管理与教学体系

1. 教学管理的深化改革

随着社会主义经济建设的发展，科学技术的突飞猛进，人民生活与审美水平的不断提高，给工艺美术设计教育提出了更高的课题。1990年底，学院制定了旨在深化改革的"八五"发展计划。

1990年5月，王明旨任副院长，王忠信任分管行政、后勤的副院长。1993年1月，杨永善任副院长。1990年，学院先后成立学生工作委员会、教师工作委员会。1992年底，昭隆离休。1993年1月，在第四届党员大会上，林少岩当选为党委书记。

1991年8月，总建筑面积14 400平方米的新教学大楼建成，改善了学院的教学条件。"团结、求实、敬业、创新"被确定为校训。1994年12月21日，学院率先在北京的艺术院校中，获得由中共北京市委教育工委和北京市高教局授予的"文明校园"、"首都文明建设先进单位"荣誉称号。

1988—1998年间是学院不断发展、完善和改革的10年。学院在原有教学文件及经验的基础上，完成首批规范性的教学文件：1994年的《中央工艺

20世纪90年代，光华路校园大门

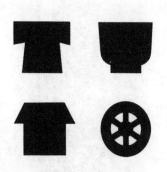

中央工艺美术学院专业符号，原设计张光宇，二十世纪五十年代。1994年学院为了标志的规范化使用，特重新修订，由陈汉民绘制

中央工艺美术学院院徽，原设计张仃，二十世纪五十年代。1994年学院为了标志的规范化使用，特重新修订，由陈汉民绘制

美术学院工作制度汇编》、《中央工艺美术学院教学大纲》、1995年的《中央工艺美术学院教学方案》，1995年在文化部领导下参与制定的《全国高等艺术院校本科专业教学方案》，1997年的《中央工艺美术学院教学一览》（汇集和修订了学院全部教学文件）。

2. 艺术设计教学体系的完善

1992年初，学院在长期教学实践中，根据社会的需要，考虑到学生应具备的能力，通过实践的检验，反复对专业设置进行调整和修订，形成了适合我国实际情况的工艺美术与艺术设计教学体系。1992年以前学院设有9个本科专业：陶瓷设计、染织设计、服装设计、装潢设计、工业造型设计、环境艺术设计、装饰艺术设计、漆艺和工艺美术历史及理论。同时还设有4个专科专业：家具设计、展示设计、织绣设计、金属工艺。在此基础上，学院拟在工业设计系建立"计算机辅助设计"专业，在装潢设计系恢复"书籍装帧"专业。

1993年3月18日，按照国家教委《关于修订普通高等学校文科专业目录的通知》精神，学院就现有专业的性质特点和培养目标，对原有专业进行了修订，把拟新增设的专业加以调整，并入原设的相关专业中。最后确定陶瓷艺术设计、染织艺术设计、装潢艺术设计、服装艺术设计、工业设计、环境艺术设计、装饰艺术设计、工艺美术学等8个专业为本科专业目录中新修订的专业名称。

1991年8月建成的学院教学大楼

陶瓷艺术设计包括日用陶瓷设计、美术陶瓷设计、陶瓷雕塑设计、陶艺创作、园林陶瓷设计、建筑陶瓷设计等。染织艺术设计包括各种纤维材料的印染、织造、编织、刺绣的设计，服装面料设计，室内装饰织物设计，纤维艺术品设计等。装潢艺术设计包括产品包装装潢整体设计、

20世纪90年代，镶嵌有"团结、求实、敬业、创新"校训的工艺实验楼

商业广告设计、图形标志设计、字体设计、容器造型设计、包装结构设计、商标设计、书籍装帧设计（包括书籍报刊的总体编排设计、书籍装帧设计、版面编排设计、封面与插图设计、书刊宣传品设计）等。服装艺术设计包括日常服装设计、职业服装设计、时装设计、服饰设计、发型与化妆设计、舞台服装设计等。工业设计包括日用工业品设计、交通工具设计、机械产品设计、家用电器设计、玩具及工具设计、展示设计等。环

1993年3月18日,学院关于修订高等工艺美术学科(本科)专业目录的报告

境艺术设计包括环境总体规划设计、室内外设计、园林设计、家具设计等。装饰艺术设计包括装饰绘画设计、装饰雕塑设计、金属工艺品设计、漆器与漆画设计、室内外装饰艺术设计等。工艺美术学包括工艺美术概论、中国工艺美术史、世界工艺美术史、技术美学、设计心理学、工艺美术市场学等专业方向和有关课程。

根据相应学科目录的调整,1993年,工艺美术史论系更名为工艺美术学系。1994年,染织服装系更名为染织服装艺术设计系,陶瓷设计系更名为陶瓷艺术设计系,装潢设计系更名为装潢艺术设计系。

1994年11月9日,文化部委托学院承办的"全国艺术院校工艺美术专业教学计划修订会"在学院召开。与会者根据《普通高等学校本科专业目录》颁布的工艺美术各专业以及学院的教学计划进行了讨论。由各系制定的教学计划被会议确定为全国工艺美术设计专业统一的教学计划,最终形成的中央工艺美术学院教学大纲,对全国艺术类院校艺术设计学科的教学产生重要影响。

1995年9月19日,学院申请增设了"展示设计"、"金属工艺"、"漆艺"本科专业,于1996年招生。1998年7月8日,学院上报国家轻工业局人事教育部申请增设"计算机艺术设计"(专科三年)和"市场营销工艺美术学"(专科两年)专业,但未实行。1997年2月4日,中国轻工总会公布中国轻工总会高等学校重点学科点名单中学院的工艺美术设计、工业造型设计、环境艺术设计为重点学科名称。

学院受托为教育部拟定本科专业目录,提出改"工艺美术"为"艺术设计"。1998年，教育部颁布《普通高等学校本科专业目录》，以"艺术设计"取代"工艺美术"，二级学科定名为"设计艺术学"。

二、教学、科研、生产相结合的新体制

1989年1月，国务院下发《国务院转批国家教委等部门关于深化改革，鼓励教育科研卫生单位增加社会服务意见的通知》。同年12月，国家教委发文试行《关于高等学校兴办公司、企业的若干规定》。在国家政策的支持与指导下，学院积极建立具有中国社会主义特色的工艺美术与现代设计教育体系，探索和落实教育与生产劳动相结合的具体途径和形式，根据教学特点和专业发展的需要，实行教育界与产业界相结合、现代技术与科学管理相结合、艺术设计与现代工艺相结合，建立起教学、科研、生产相结合的新体制。

1990年6月，科技开发部实行总经理负责制，董汇斌任总经理。同年7月，张世礼兼任科技开发部主任。1991年4月8日，"科技开发部"更名为"科技艺术开发中心"，经营性质不变，经营范围扩充至学院包含的各个专业，王公义任总经理。科技艺术开发中心成立后，学院相继成立广告公司、名人艺术珍品进出口公司、环境艺术设计工程公

校产办主任吴晞陪同中宣部部长刘云山检查展览会工程现场

司、电梯公司、中日合资京良摄影有限公司、中港合资中威科艺新技术有限公司及开发中心中威大厦（物业公司），在促进相关专业发展，扩大学院社会影响，增加学院经济收入等方面做出积极贡献。1992年6月，董汇斌任开发中心总经理。1992年12月，学院成立校办产业管理委员会，吴晞任主任，设立校产办公室，科技艺术开发中心将总公司的管理职能移交校产办公室。

1992年7月7日，"中央工艺美术学院工业设计研究所"、"中央工艺美术学院装饰艺术研究设计所"成立。两所分别由工业设计系、装饰艺术系直接领导，所长分别由工业设计系主任柳冠中、装饰艺术系袁运甫兼任。两所的编制和工作人员均由两系教师内部调整和兼任职务，实行教学、科研创作设计人员定期轮换制。1992年9月，以各专业系为主，设立工业设计研究所、装饰艺术研究设计所、环境艺术研究设计所以及染织服装、陶瓷、装潢、环艺、绘画创作5个研究设计室。全院形成"一部、三所、五室"的社会有偿服务的格局，逐步完善教学、研究和创作设计对外有偿服务的一体结构。

1994年，学院成立"中央工艺美术学院环境艺术发展中心"。该中心为独立法人自主经营、自负盈亏的综合设计、制作、经营的艺术开发机构，与环境艺术设计系两块牌子一套人马，由环境艺术设计系主任张绮曼任法人代表，主要经营内容包括建筑装饰与室内设计及工程实施、环境艺术综合设计与工程实施、环境艺术品设计与生产开发、艺术专业配套服务等。90年代，环境艺术设计系与环境艺术发展中心获得多项成果与奖项，对中国环境艺术发展和装饰行业发展产生导向作用，对全国环境艺术专业与设计单位起着学术带头作用。

三、理论与实践相结合的研究与成果

1. 研究会与专业协会

　　为了研究学院老一辈教育家、艺术家的成就，研究他们的学术思想，学习他们教书育人、严谨治学的高尚品质，1981年学院成立"张光宇学术研究会"。1985年3月18日，庞薰琹逝世。1986年，学院学术委员会成立"庞薰琹研究会"。1989年，学院成立"庞薰琹学术研究会"。1991年6月，庞薰琹美术馆在常熟建成开馆。1989年10月30日，雷圭元逝世。1990年9月18日，"雷圭元图案学术研究会"成立。

　　1981年5月9日，由中国文联牵头，陈叔亮主要发起筹建的中国书法家协会于北京成立，舒同为主席，赵朴初、陈叔亮等为副主席。陈叔亮被常务理事会推举为三人领导小组成员之一，主持日常工作。

1993年4月，"张光宇艺术讨论会"在学院召开时的合影

中国工业设计协会成立于1979年8月，由轻工业部主管，是全国工业设计领域唯一的国家级组织。协会最初设址在学院内，通过与协会的合作，学院举办多种培训、讲座及各种专业学术活动，推动了全国工业设计、艺术设计的学科建设和事业的发展及设计人才的培养。

1988年，由轻工业部领导，学院协助筹备，中国室内装饰协会成立，轻工业部部长杨波、轻工总会副会长傅立民及轻工部、轻工总会领导相继担任该协会理事长。我院环境艺术设计系主任张绮曼连续二届当选为副理事长及设计委员会主任，长期为该协会指导全国装饰行业的发展、学术交流和人才培养做出重要贡献。

1989年，由建设部部长戴念慈、设计司司长张钦楠支持，学院、建设部建筑设计院、北京市建筑设计院三家发起成立中国室内建筑师学会，该学会挂靠在中国建筑学会。戴念慈、奚小彭为名誉会长，曾坚当选为会长，张世礼当选为副会长。此后，张世礼、郑曙旸任会长、副会长至今。学院教师在学会发挥了骨干作用，十多年来，在促进行业发展和设计水平提高方面做了大量工作。

1993年10月16日，由学院环境艺术系倡导组织，中国工业设计协会室内设计学术委员会成立，张绮曼任会长。室内设计学术委员会的成立，对推动中国环境艺术设计的发展和学术水平的提高发挥着积极作用。

此外，20世纪80年代以来，中国工艺美术学会、中国包装技术设计协会、中国服装设计师协会等专业设计协会，多是由学院教师发起成立或在其中起主导性作用，学院对促进社会相关行业的发展与现代设计在中国的普及和发展产生了深远影响。

2. 出版物、论著及获奖

20世纪80年代中期以来，《装饰》杂志设定了多个专

1998年10月，《装饰》杂志创刊四十周年座谈会合影

栏，探讨这一时期的学术热点，结合现代设计、工艺文化、民艺研究等方面，推出了大量有影响的文章。90年代初期以来，陶如让、李砚祖、杭间先后任主编。1993年中国装饰杂志社成立，1995年由季刊改为双月刊发行。杂志秉持学术上的一致性和延续性，更加注重杂志的学术性、理论性，加强对现实的介入力度，展开国内外学者的文化交流，举办多次学术研讨会，对全国工艺美术教育和设计教育的发展起到了重要的推动作用。1998年10月27日，《装饰》举办纪念杂志创刊四十周年座谈会与系列学术讲座，举行《装饰》优秀理论文章的评选。

1986—1998年，学院服装设计系教师编写的14种服装专业教材由高等教育出版社先后系统出版。袁杰英的《中国历代服饰史》，李当岐的《服装学概论》、《西洋服装史》，刘元风的《时装画技法》、《服装设计学》等一整套系统化、规范化的服装设计教材形成了。

自1987年以来，环境艺术设计系在搞好教学活动的同时，又集中力量编写出版了一批急需的室内设计及环艺设计教材，这些出版物大多成为全国室内设计专业的通用教材。1991年，张绮曼、郑曙旸主编的《室内设计资料集》出版，1992年荣获建设部第二届全国优秀建筑科技图书一等奖，1996年获"轻工总会第

《室内设计资料集》，张绮曼、郑曙旸主编，1992年获第二届全国优秀建筑科技图书一等奖，1996年获第三届全国优秀教材二等奖

《陶瓷造型设计》，杨永善著，1992年获第二届普通高等院校全国优秀教材奖

1999年，杭间的博士论文《中国工艺美学思想史》获教育部、国务院学位委员会首届"全国优秀博士论文"奖

《中国现代美术全集》印染织绣卷，常沙娜主编，河北美术出版社，1998年

《中国现代美术全集》漆画卷，乔十光主编，人民美术出版社，1998年

三届全国优秀教材二等奖"，至2010年此书已印刷50次发行55万册，成为室内设计师、建筑师几乎人手一册的工具书。

1991年，由国家编纂的《中国大百科全书·轻工卷》出版，其中有关工艺美术的约有250多个条目，28万字，由王世襄、杨伯达、田自秉等50多位专家撰写，是新中国成立以来的重大权威性专著。1992年，杨永善的《陶瓷造型设计》获"第二届普通高等院校全国优秀教材奖"。1994年，王家树的《中国工艺美术史》由文化艺术出版社出版，这是在工艺美术史研究领域的又一重要成果。1996年，奚静之的《俄罗斯苏联美术史》获俄罗斯艺术科学院"学术成果及国际文化交流贡献奖"。1996年，张绮曼、郑曙旸等人的"环境艺术设计专业教材建设"获中国轻工总会教学成果二等奖。1999年，杭间的博士学位论文《中国工艺美学思想史》被教育部、国务院学位委员会评为首届"全国优秀博士论文"，这是首届百篇优秀博士论文评选中艺术类的唯一获奖者，导师田自秉同时被国务院学位委员会评为"1999年全国优秀博士学位论文指导教师"。

学院各专业结合教学参与国内外和国际间各种艺术设计及创作竞赛，至1996年，各专业教师共获奖项180余项，其中国际奖36项，全国性奖144项；出版教材、论著300余部。

3. 重要的设计项目

20世纪90年代，学院参与了众多国家重要活动的设计，如1990年的北京亚运会大型活动的总体艺术设计，香港回归专用标志设计，澳门特别行政区区旗、区徽的设计，澳门特

中央人民政府赠给香港特别行政区的礼品大型雕塑《永远盛开的紫荆花》，常沙娜主持设计，1997年

澳门特别行政区区徽、区旗，张磊主创，1993年

中国人民银行标志，陈汉民设计，1988年

香港回归专用标志，陈汉民设计，1997年

"海峡交流基金会"会徽，孙德珊设计，1992年

派员公署大楼室内设计、监制，军委办公大楼部分室内设计，河南大厦室内设计，海峡交流基金会的标志设计，中国人民银行、中国工商银行、中国农业银行、全国妇联及1995年世界妇女代表大会会标设计，第七届全运会标志及点火台主题设计等。1997年，学院完成人民大会堂香港厅大型屏风设计，香港回归祖国时中央人民政府送给香港特区政府的礼物——《永远盛开的紫荆花》雕塑的创作设计等。

"永远盛开的紫荆花"设计创作历时近半年，参加方案设计的有中央工艺美术学院、中央美术学院、中国美术学院、广州美术学院、全国城市雕塑委员会、清华大学、上海雕塑院7个单位。学院成立由常沙娜任组长，以李德利、张锠、周尚仪、杜大恺、王培波、赵萌等为主的方案设计小组，基础部、装饰艺术系、装潢设计系、工业设计系、史论系等其他各系的中青年教师也参加了设计。全院完成了46个设计方案，最终合并为14个方案送审。1997年3月31日，《永远盛开的紫荆花》方案通过。随后完成原大造型的塑造及金属铸造、贴金、结构、基座造型及石材制作等工程设计。6月中旬，《永远盛开的紫荆花》矗立在香港会展中心广场，成为香港回归祖国之日的历史标志和美好未来的象征。

4. 院庆三十五周年与四十周年活动

　　1986年院庆三十周年之后，学院开始筹划院史编写工作，由副院长李绵璐负责，汪钰林执笔撰写。1988年，着手整理档案资料，访谈谢邦选、吴劳、雷圭元等先生，前后撰写9稿，由常沙娜院长、昭隆书记审阅。1991年5月，学院简史收录于文化部教育科技司编的《中国高等艺术院校简史集》，由浙江美术学院出版社出版。1991年11月1日，学院举办院庆三十五周年系列活动：印制《中央工艺美术学院院史（1956—

1991年11月，三十五周年院庆时的校园

1996年11月，为庆祝建院四十周年，"中央工艺美术学院艺术设计作品展"在中国美术馆举行

1991）》，举办院庆展览、服装表演；成立学院工艺美术教育基金会筹备委员会，并筹备成立校友会；学报《装饰》编辑部举办了出刊50期作者、读者、编者、出版者及协作者交流座谈会，学院举行平山郁夫"丝绸之路文化"专题讲座、纪念陈叔亮座谈会等学术活动。

　　1996年11月1日，学院隆重举行院庆四十周年系列活动，国家相关部门领导、国外校际关系及友好院校代表与国内兄弟院校领导、同行及学院师生、海内外校友，共计上千人参加活动。

"中央工艺美术学院建院四十周年庆祝大会"在学院礼堂隆重召开，常沙娜院长发表讲话，总结学院发展历程，阐述未来发展构想。李岚清副总理为学院题词："进一步办好工艺美术高等教育，为我国的社会主义物质文明和精神文明建设做贡献"；国家教育委员会发来贺信，肯定学院"为我国文化艺术事业和教育事业的发展做出了重要贡献"。

　　同日，由环境艺术设计系赞助，学院在中国美术馆全部展厅举办"中央工艺美术学院艺术设计作品展"、"张仃山水画展94—96"。其中，艺术设计作品展由院史和工艺美术学系、环境艺术设计系、陶瓷艺术设计系、装饰艺术设计系、装潢艺术设计系、染织服装艺术设计系、工业设计系、基础部、成教部9

1996年11月，在中国美术馆举行的"中央工艺美术学院艺术设计作品展"现场

个部分组成，汇集2部、7系40年来近千件优秀作品，图文资料详尽，作品丰富扎实，展示方式多样，向社会各界展示了学院的艺术设计教育、创作设计成果以及对全国艺术设计起指导作用的模式与体系。此外，学院还组织出版《中央工艺美术学院艺术设计集》、《中央工艺美术学院艺术设计论文集》，全面反映学院各个时期的学术成果；举办院庆文艺晚会、服装作品展示会，领导嘉宾、师生校友共聚一堂，庆祝院庆。

建院40年，学院的发展与人民的需要、社会主义建设的需要紧密结合，总结和继承祖国民族、民间的优秀文化传统，教学和实践紧密配合，注重吸取西方有益的艺术营养与教学经验及方法，形成了自己的风格和独具特色的教育体系，累计为国家和社会培养了4000余名优秀艺术设计人才。

四、国际交流与合作

1. 教学成果展示

1990年9—10月，作为北京亚运会大型展览项目之一，"中国工艺美术院系师生优秀作品展"在北京国际展览中心举行；举办全国工艺美术师生作品展在中国尚属首次，参展单位有中央工艺美术学院、浙江美术学院、鲁迅美术学院、西安美术学院、天津美术学院、广州美术学院、北京服装学院和中央民族学院，共展出陶瓷器皿、印染工艺、服装设计、装饰品、家用电器设计、室内设计、家居设计、玩具、雕塑等8类1000余件，体现改革开放10年高等工艺美术教育与科研的成果，其中我院展出208件作品，并义演时装表演5场，受到国内外人士的广泛关注和好评。

1993年10月6日，学院与东京艺术大学师生作品联展在学院展厅开幕。1997年10月，"中央工艺美术学院装潢艺术设计系师生作品展"、"96平面设计在中国"与"深圳市平面设计协会五人展"应邀同时在法国安吉奥市举行，拉开了"安吉奥中国平面设计展览月"的序幕。这也是中国平面设计及平面设计教育成果首次在欧洲的集中展示。1997年10月25日至11月5日，"挪威现代装饰艺术展"在学院举行。9月28日，"日本视觉艺术设计家胜井三雄展"在学院开幕。

1998年4月21—24日，"98书籍艺术设计展"在学院展出。展览展出了中直系统出版社和中央工艺美术学院、中央美术学院近两年来的优秀书籍装帧艺术作品，基本代表了我国90年代以来的书籍装帧艺术设计的最高水平。1998年3月4—5日，由法国国际艺术城和巴黎国立高等装饰艺术学院联合主办的"中国中央工艺美术学院师生作品展"在法国国际艺术城和巴黎国立高等装饰艺术学院举行。《欧洲时报》认为展览"以其丰富的内涵和创造力，给巴黎观众留下了深刻的印象。展示了处于巨大变革中的中国，传统与现代精神结合的无穷魅力。"

2. 国际交流

为了进一步加强学院的国际交流，1993年学院在法国巴黎国际艺术城购买了两套工作室，用于教师赴法国交流与进修，每年约8名教师在巴黎完成为期半年的研修任务。

1994年，常沙娜、袁运甫陪同著名物理学家李政道参观学院

1990年5月，学院应香港华润公司及新华社香港分社的邀请，

在香港湾仔中国文物馆举办"中国现代陶瓷、染织、装饰艺术作品展"。常沙娜、杨永善、张守智、李永平、袁运甫、王连海、肖延组成学院代表团。新华社分社文体部长韩力、香港新华分社副社长张浚生及安子介、文楼等香港各界有关人士参加展览开幕，展览加深了与香港各界艺术爱好者文化艺术的交流，并得到香港《大公报》、《新晚报》、《文汇报》等媒体的肯定。

1994年，"中央工艺美术学院、中央美术学院和日本东京艺术大学作品联展"在日本广岛举行

1996年4月，学院授予旅美著名画家、校友丁绍光名誉教授称号，授予日本著名画家宫田雅之客座教授称号

1992年1月，学院在香港举办"中央工艺美术学院师生作品展"的基础上，由常沙娜、杨永善、袁运甫、吴晞、杭间、林乐成、刘金池组成代表团，首次赴新加坡举办同名展览，得到南洋艺术学院及1958级校友、南洋艺术学院教授欧世鸿，新加坡工艺美术企业家陈学湘的积极支持和接待，加强了学院与新加坡的艺术交流。

1994年10月，学院再次应日本东京艺术大学的邀请，由常沙娜、林少岩、王明旨、张绮曼、张锠、陈进海、卢新华组成代表团，赴日本广岛参加中央美术学院、中央工艺美术学院和日本东京艺术大学作品联展。共展出210件作品，其中我院作品有60件。三校展品各有特点，中央美术学院主要展出版画，东京艺术

1996年，学院授予著名科学家李政道名誉教授称号

大学和中央工艺美院突出了各自的专业特色。

1991年以来，学院先后在香港、新加坡、法国高等装饰艺术学院、法国艺术城举办了师生艺术设计作品展，与东京艺术大学、多摩美术大学、韩国东亚大学等学校举办了校际作品联展。学院加强了国际间的学术交流活动，与日本东京艺术大学、多摩美术大学，法国高等装饰艺术学院、美国麻省艺术学院、华盛顿哈沃德大学美术学院、洛杉矶艺术中心设计学院、韩国东亚大学艺术学院等结为友好校际关系。

1996年4月1日，学院授予校友、著名旅美画家丁绍光名誉教授称号，授予日本著名画家宫田雅之客座教授称号。1996年5月23日，授予著名科学家李政道名誉教授。1998年授予美国洛杉矶艺术中心设计学院王受之客座教授。

近10年来，学院从10多个国家聘请的专家教授和国际著名设计家讲学和短期访问近150人，安排临时来访讲座的各类专家几百人次，各专业授予客座教授数人，共出访、考察、进修300多人次，并举办数次大型校际交流展。这些对外交流活动的开展，拓宽了国际间的学术交流与合作，有力地促进了学院各专业学科的发展。

3. 设立奖学金

1986年11月1日，在学院三十周年庆祝大会上平山郁夫先生捐资设立了"平山郁夫奖学金"。同年，日本交通文化协会在学院设立"泷富士美术奖"。1990年4月7日，加拿大谷

1995年，张光宇艺术奖金首届颁发仪式暨著名画家丁绍光先生学术报告会

宾时装股份有限公司总裁颜绣媄女士为学院设立永久性奖学金
"枫华奖学金"。1992年4月8日，旅美著名画家、校友丁绍
光设立"张光宇艺术奖"。1998年，学院设立"艺术设计教育
奖励基金"。旅美著名文物收藏家王已千设"中国工艺美术设
计精品奖金"。

五、向综合性艺术设计大学发展的设想

  1993年，《中国教育改革和发展纲要》颁布。明确提出
要结束大学毕业生包分配的体制，迅速扩大正规高等教育和成
人高等教育规模，以适应经济迅速增长，并提出了旨在提高质
量和效益的"211"工程，在其导向下，院校之间纷纷合并以
发挥规模效益。同年，学院即开展申请列入国家"211"工程
的努力。

1. 改制设想的背景

  艺术设计和艺术设计教育面临新世纪的机遇和挑战。但
当时我国艺术设计和艺术设计教育的现状总体来看，仍存在相

对滞后的状况，集中表现在：亟待建立与科学技术、产业结构、生产规模、消费水平相适应，具有引导时代审美意识，具有国际竞争力的价值体系，以及能够使这一价值体系成为社会现实的运行机制；艺术设计教育应从社会实际需要出发，加快教育改革的发展速度，适度地扩大教育规模，教育事业发展应更趋平衡，学科设置应更趋完备，优秀人才相对匮乏的局面应尽快得到改变；艺术设计科学研究和理论研究相对薄弱的状况也应尽快得到扭转；传统艺术、民间艺术、少数民族艺术仍然需要抢救。

中国社会的深刻变化，对艺术设计和艺术设计教育势必产生深远的影响。1996年1月23日，学院首届教职工代表大会召开，院长常沙娜做题为《为开拓二十一世纪具有中国特色的设计艺术教育事业努力奋斗》的报告。在国家经济建设需求与社会发展大背景之下，学院于1996年7月23日拟定出"九五"计划发展纲要。由学院更名大学，推动整个中国艺术设计事业的发展，是"九五"期间学院发展总目标的核心。

2. 建立固安学区

为更名为大学，扩充校舍，扩大招生规模，1996年3月4日，经轻工总会批准，学院与位于河北固安的中国轻工业管理干部学院合并的筹备工作开始启动。自1996年起，学院开始较大规模扩招学生，由原来的每年240人，逐步扩大到350人，并在固安学区建立素描、雕塑教室，1996级至1998级进入基础部的大一学生在固安学区学习。

1997年12月30日，轻工总会任命赵亮宏为学院党委书记，王明旨为院长兼中国轻工业管理干部学院院长，杨永善为副院长，高沛明、朱仙油为学院党委副书记，才大颖任副院长兼固安学区分党委书记、学区主任，刘增璞任副院长兼固安学区副主任，王庆霖任中共中国轻工总会党校常务副校长兼学院党委副书记，张铁山任学院纪委书记。常沙娜由于年龄原因，不再担任院长职务。王忠信因健康原因提前退休，不再担任副院长职务。1998年1月9日，轻工总会将中国轻工管理干部学院并入中央工艺美术学院，设立中央工艺美术学院固安学区。

3. 现代艺术设计教学改革

教育部1998年3月召开了第一次普通高等学校教学工作会议，学院围绕着会议中有关教育教学改革的精神，以"转变教育观念，深化教学改革，加强教学建设，提高教育质量"为主题进行了深入的学习和探讨，学院决定进行艺术设计教学改革。1998年6月4日，学院党委会研究，决定成立艺术设计学科教学改革领导小组，王明旨任组长，杨永善、高沛明任副组长。分设艺术设计教学管理改革、艺术设计课程体系改革、艺术设计学学科建设研究三个分组，学院由此开始了艺术设计教学第一阶段的改革。

学院在1998年10月12日开始教学改革第二阶段的工作，讨论的重点内容是：教育思想与教育质量、人才培养模式、专业学科教学内容与课程体系、本科专业教学计划、教学机构设置、教学质量管理及教学工作评价机制、学分制等。11月24日，学院成立了艺术设计教学改革专家论证组。袁运甫任专家论证组组长，柳冠中任副组长。

学院艺术设计教学体系改革方案提出：设置艺术设计、美术、理论等三个学群；基础部由两年制改为一年制。课程的教学方式为部分专业设计课改变单元制教学方式，采用课程交叉进行的方式，课堂教学以讲授或示范为主，作业在课余时间完成。在原有的教学管理模式中，试行学年学分制，即课程经考试合格给予学分，逐步建立选修课。这一时期，学院教学改革对未来学科专业发展的设定，是以艺术设计学科为主，同时向多学科发展。

第七章

新 世 纪

　　20世纪90年代，有两件事对中国现代教育史产生了重要影响。①教育部开始实施振兴21世纪中国教育的"211工程"，这是中国政府面向21世纪，重点建设100所左右的高等学校和重点学科的建设工程。②1998年，国务院机构改革，各部属院校与所在部委脱离，除部分直属教育部外，其他均归地方政府管辖。在这样的背景下，中央工艺美术学院并入清华大学，成为"清华大学美术学院"。合并以来，在清华大学建设世界一流大学战略目标的指导下，在综合性大学的学科平台上，学院在教学、科研、创作、学科建设、人才引进、对外交流合作等方面取得了新成果。

一、中央工艺美术学院并入清华大学

1. 两校合并

1998年，国务院机构改革，学院的主管部门国家轻工业局并入国家经贸委。根据《国务院关于调整撤并部门所属高校管理体制的决定》和《国务院办公厅转发教育部等部门关于调整撤并所属学校管理体制实施意见的通知》精神，1998年7月，学院成为北京市属高等学校。

当时，清华大学正以世界一流大学为发展目标进行学科调整，并将加强艺术学科的建设作为学科调整的重要内容之一。由于学院与清华大学建筑学院的渊源关系，以及两校学科的互补性，清华大学主动就两校合并事宜与学院交流。两校多次接触并互相实地考察，认真调研分析，认为两校合并有利于发挥学科的综合优势，有利于人才培养。

1998年9月18日、12月4日，学院与清华大学联名先后向

1999年11月20日，清华大学和中央工艺美术学院合并仪式在清华大学礼堂举行

清华大学校长王大中与中央工艺美术学院院长王明旨在合并仪式上

教育部和北京市委、市政府报送《关于中央工艺美术学院并入清华大学的请示》，对两校现状做了分析："清华大学通过实施'211工程'，向着世界一流大学的目标，正在进行学科调整。考虑到科学与艺术的结合是当前大学科综合的一个重要趋势，也是贯彻党的教育方针，加强学生德、智、体、美全面素质，培养具有良好人文精神和创造能力的优秀人才的需要，为此，清华大学拟加强艺术学科的建设并将其作为学科调整的重要内容之一；中央工艺美术学院目前在国内艺术设计学科领域处于领先地位，已形成完整的艺术设计教育体系，对清华大学加强艺术学科建设，培养科学和艺术紧密结合的优秀人才将起到重要作用。但中央工艺美术学院目前规模小、学科单一，尚缺乏进一步提高所需的诸多条件。中央工艺美术学院与清华大学合并有利于两校优势互补，符合国家关于高教体制改革的精神。"

两校为合并进行了一年多的准备工作：成立联合领导小组，部处机关对口组建了教学科研、人事组织、行政后勤、学生工作4个工作小组；两校师生多次互访，加深了解；中央工艺美术学院著名教授在清华大学开设了系列艺术教育讲座，受到清华大学师生的普遍欢迎；工业设计系教师与清华大学汽车系教师进行合作研究；大学生艺术节期间，两校学生相互交流，清华大学交响乐团在中央工艺美术学院演出受到欢迎；两校共同设计完成了反映我国教育系统成就的国庆五十周年游行

1999年11月20日，清华大学、中央工艺美术学院合并挂牌仪式在光华路校园举行

特大型彩车。1999年初，在教育部和北京市委、市政府的直接领导和河北省的大力支持下，中央工艺美术学院固安学区的归属问题得到妥善解决。1999年8月28—29日，中央工艺美术学院1999级新生在清华大学校园报到，教育部部长陈至立亲临迎新工作现场了解新生报到情况。

　　1999年8月29日，清华大学与中央工艺美术学院联名向教育部、北京市教育工委报送《关于中央工艺美术学院并入清华大学的实施方案》。其主要内容如下：①学院名称：拟定为"清华大学美术学院"，简称"清华美院"。②管理体制：学院为大学下属的实体二级学院，并设党委；学院重点抓学科建设、教学科研和教师队伍建设；系主要负责学科建设和人才培养，不设办事机构；原中央工艺美术学院的后勤、产业以及公共基础课部分与学院剥离，分别纳入清华相应的管理体系。③学院机构设置：按3个学科群进行学科规划，原有7个系在合并工作完成后将逐步调整；学院保留原设立的成人教育部、环境艺术设计研究所、图书馆和刊物《装饰》杂志；院机关设行政、党务、教务和离退休人员工作共4个办公室。

1999年9月22日，教育部下达《关于同意中央工艺美术学院并入清华大学的通知》，"根据高等教育管理体制改革和布局结构调整的有关精神，经研究，同意中央工艺美术学院并入清华大学，同时撤销中央工艺美术学院的建制"。10月9日，北京市教委下发《关于中央工艺美术学院并入清华大学的通知》，同意学院并入清华大学，同时撤销学院建制。在两校合并过程中，国务院副总理李岚清十分关心并亲自过问；教育部部长陈至立、副部长周远清、北京市委书记贾庆林、市长刘淇等都给予了关心和支持。

学院名称的更改经历了多次讨论。1999年9月22日，在征集提名的基础上，学院召开教学系室和机关部处负责人会议，近50人对候选校名进行投票，其中"清华大学美术学院"21票，"清华大学艺术设计学院"18票，"清华大学设计学院"6票，"清华大学工艺美术学院"2票，"清华大学艺术学院"1票。10月29日，学院召开学术委员会，到会29人，再次对校名进行无记名投票，其中"清华大学美术学院"19票，"清华大学艺术设计学院"6票，"清华大学工艺美术学院"2票。11月15日，清华大学校务会议决定，"并入后的中央工艺美术学院更名为清华大学美术学院"。

1999年11月20日，清华大学、中央工艺美术学院合并仪式暨清华大学美术学院挂牌仪式先后在中央工艺美术学院、清华大学举行。全国人大副委员长许嘉璐出席在清华大学大礼堂举行的庆典仪式，教育部副部长周远清在会上宣读教育部的有关决定。国务院副秘书长徐荣凯在讲话中转达国务院副总理李岚清的祝贺，各有关院校代表及北京市委和教工委领导也出席加盟仪式。清华大学校长王大中和原中央工艺美术学院院长王明旨为"清华大学美术学院"揭牌。

中央工艺美术学院并入清华大学，在我国高等教育管理体制改革的进程中产生了重要的影响，它体现了艺术与科学相结合在21世纪高等教育的发展趋势。清华大学雄厚的教育基础和实力与中央工艺美术学院完整的艺术设计教育体系相结合，优势互补，有利于学科的建设与发展，也有利于培养德、智、体、美全面发展的具有良好人文素质和创造性的优秀人才，对创建世界一流大学有着重要意义。

2. 领导班子换届

1999年12月，教育部任命原中央工艺美术学院院长王明旨为清华大学副校长，清华大学决定王明旨兼任美术学院院长，原清华大学计算机系党委书记张凤昌任美术学院党委书记，高沛明任党委副书记，王国伦、刘巨德、李当岐任副院长，卢新华任院长助理。

2002年5月，美术学院行政领导班子换届，王明旨继续兼任院长，李当岐、刘巨德、鲁晓波、卢新华为副院长。2003年1月，校党委任命李当岐为美术学院党委书记，张凤昌因工作调动不再担任美术学院党委书记，任命何洁为美术学院副院长。2005年1月，美术学院领导班子换届，李当岐任院长，何洁、卢新华、郑曙旸、包林、赵萌为副院长，王明旨任院学术委员会主任。同时，美术学院党委换届，王进展任党委书记，鲁晓波、何洁任党委副书记。2005年5月，校党委任命李功强为美术学院党委副书记。

2007年11月，校党委任命李当岐为美术学院党委书记，王进展因工作调动不再担任美术学院党委书记。2008年，美术学院党委换届，李当岐任书记，鲁晓波、李功强任副书记。2008年7月，学院行政领导班子换届，冯远任名誉院长，郑曙旸任常务副院长，何洁、赵萌、杭间、李功强任副院长。2008年11月，学院选举新一届院学术委员会，刘巨德任学术委员会主任，郑曙旸、尚刚任副主任。2011年1月，学院党委换届，鲁晓波任党委书记，李功强、邹欣任党委副书记。

二、部门调整

1. 教学部门调整

1999年12月，撤销基础部、装饰艺术系建制，组建绘画系、雕塑系、工艺美术系。2001年，艺术设计学系更名为艺术史论系。2002年，成立基础教学研究室，下设素描教研组、色彩教研组、图案教研组和工笔重彩教研组，承担全院一年级本科学生的基础课教学。

2003年9月，为了使学院的学科建设形成一套科学的、适应未来人才需求的发展模式，建立促进各专业教学、创作及学术研究发展的机制，在原学群的基础上设立艺术史论、艺术设计、美术三个分部。其中，染织服装艺术设计系、装潢艺术设计系、环境艺术设计系、工业设计系、陶瓷艺术设计系隶属设计分部，郑曙旸为主任，吴冠英、严扬为副主任；绘画系、雕塑系、工艺美术系、基础教研室隶属美术分部，曾成钢为主任，石冲、陈辉为副主任；艺术史论系和《装饰》编辑部隶属史论分部，张夫也为主任，尚刚、张敢为副主任。

2005年，经学校批准，美术学院成立了信息艺术设计系。该系的成立旨在通过各个学科的交叉融合来培养综合性设计人才，为中国信息产业的发展提供人力资源。相对传统艺术与设计而言，它与信息技术、人工智能等学科紧密结合，在教学上强化科学和艺术的结合是该系教学的最大特色。2009年9月，装潢艺术设计系更名为视觉传达设计系。

2. 科研机构建设

2000年4月6日，学院在原中央工艺美术学院环境艺术研究设计所的基础上，组建清华大学美术学院研究所。研究所作为美术学院的直属科研机构，代行全院的科研管理职能。李当岐兼任所长，包林任副所长。2001年，包林任所长，陆志成、洪麦恩任副所长。2005年10月，根据学科建设和教学、研究工作的需要，研究所撤销。

　　为促进艺术与科学的结合，探索和建设适应新世纪发展需求的新兴学科，2001年5月，清华大学决定成立"清华大学艺术与科学研究中心"（英文名称为Art and Science Research Center, Tsinghua University），中心挂靠美术学院。中心的主要任务是：探索和制定艺术与科学交叉的新兴学科的前瞻性规划；开展各项有关跨学科的艺术与科学研究活动；组织每五年一次的"艺术与科学国际作品展暨学术研讨会"。学校聘请李政道教授、吴冠中教授为中心名誉主任，王明旨副校长兼任中心主任，刘巨德任常务副主任。2005年4月，赵萌任中心常务副主任。2005年12月，美术学院院长李当岐任中心主任，鲁晓波任常务副主任。2008年12月，美术学院常务副院长郑曙旸任中心主任。

　　2005年，学院调整研究所职能，设立科研办公室，负责全院的科研管理工作，并加强研究所的实体建设。2005年以来，相继成立"展示设计研究所"、"品牌传播设计研究所"、"视觉艺术设计研究所"、"建筑环境艺术设计研究所"、"城市建设艺术设计研究所"、"环境艺术咨询研究所"、"纤维艺术研究所"、"陶瓷与公共艺术研究所"、"装饰材料应用研究所"、"平面设计系统开发研究所"、"艺术与科学研究中心艺术与科学应用研究所"、"城市景观艺术设计研究所"、"通用设计研究所"、"雕塑艺术研究所"、"大型历史绘画研究所"、"交互媒体艺术设计研究所"、"光环境设计研究所"等十余个研究所。

　　2008年8月，为了保护和传承我国丰富的非物质文化遗产，弘扬中国优秀的民族文化，提高非物质文化研究与保护的水平，福建柒牌集团有限公司在清华大学艺术与科学研究中心设立柒牌非物质文化遗产研究与保护基金，并成立基金理事会和学术委员会，福建柒牌集团有限公司董事长洪肇设任理事会主席，清华大学艺术与科学研究中心主任、美术学院党委书记李当岐任学术委员会主任。

为促进我校美术教育的发展，提高现当代美术与艺术等人文学科的研究水平，2010年1月，成立清华大学张仃艺术研究中心和清华大学吴冠中艺术研究中心，前者简称张仃艺术中心，后者简称吴冠中艺术中心，均为跨学科非实体研究机构，挂靠美术学院，人文社科学院为共同发起方。2010年2月21日、6月25日，张仃、吴冠中先后逝世。同年3月22日、8月29日，"仰望星空 致意它山——张仃先生追思会"、"向人民艺术家致敬——吴冠中先生追思会"先后在清华大学主楼举行，社会各界人士闻讯赶来，表达对两位先生的追思之情。追思会还宣布研究中心的主要负责人：张仃先生的夫人理召任张仃艺术研究中心名誉主任，副校长谢维和任中心管理委员会主任，美术学院教授袁运甫任中心主任；文化部副部长王文章任吴冠中艺术研究中心名誉主任，美术学院教授刘巨德任中心主任，吴冠中先生之子吴可雨任中心执行主任，中国艺术研究院教授水天中任中心学术委员会主席。两个中心将系统收藏张仃先生和吴冠中先生的艺术资料，积极组织国内外研究专家，开展先生作品和艺术教育思想及创作思想的研究。

2010年11月，清华大学艺术与科学研究中心色彩研究所成立，李当岐任色彩研究所理事长，作为国际颜色科学机构成员，研究所是国内第一个颜色科学应用平台，致力于开展高水平的色彩与影像的理论研究及其应用服务，同时为培养色彩艺术、设计与色彩科学、技术的跨学科高级复合型人才提供平台。同月，清华大学艺术与科学研究中心设计管理研究所成立，蔡军任所长，研究所旨在打造跨界整合交流平台、设计管理教学与研究平台、协作联盟单位平台，通过产学研结合，为"中国制造向中国创造"提供从学术研究到产业实践的探索；同时，举行以"设计管理——从教育到企业"为主题的研讨会。

2011年1月，由学院支持的第一个纯学术的研究所——清华大学美术学院当代艺术研究所成立，杜大恺任所长，其学术宗旨为"创造、研究、交流、建构"；同时，举行"艺术日新——美术学院当代艺术研究所成立暨当代艺术邀请展"，展出绘画、雕塑、摄影、装置、录像、综合艺术等当代艺术门类作品，坚持包容性和开放性的宗旨，体现了当代艺术研究所的学术立场。

3. 校企部门调整

学院并入清华大学后，校企部门的行政管理与学院剥离，纳入清华相应的管理体系，但在学术脉络、专业资源、项目设计等方面保持紧密联系。1999年11月，"中央工艺美术学院环境艺术研究设计所"（1988年成立）更名为"清华工美环境艺术设计所"。2005年12月，在大学产业发展政策的指导下，设计所改制重组，吸收新增资本，扩大经营范围，成立"北京清尚环艺建筑设计院"，下设4个设计所、10个设计室，是清华大学控股的建筑设计工程甲级企业，以建筑装饰设计、环境艺术设计为主营业务的设计企业。

2001年9月，"中央工艺美术学院环境艺术设计工程公司"（1992年成立）企业改制后由清华大学控股，同年创建"清华工美"品牌。2005年6月，企业更名为"北京清尚建筑装饰工程有限公司"。公司拥有全国建筑装饰行业首批评价的AAA等资信，通过ISO9001质量管理体系、GB/T 28001职业健康安全管理体系和ISO14001环境管理体系认证，是2007年

2008年，清尚集团办公楼大厅

北京建筑业联合会评价的"诚信企业"，并连续三年被中国建筑装饰协会推介为中国建筑装饰行业百强企业。

吴晞任清尚集团公司董事长。设计院和公司以清华大学美术学院的学术研发力量为依托，在博物馆、办公空间、酒店公寓、商业展示、环境景观、艺术陈设等领域完成了一批具有影响力的项目，例如人民大会堂、中国现代文学馆、中国美术馆、清华大学美术学院、邓小平纪念馆、毛泽东文物馆、首都博物馆新馆、新保利大厦等工程项目，曾获得 "中国建筑工程鲁班奖"、"全国建筑工程装饰奖"、"北京市优质装饰工程奖"和"全国十大陈列精品奖"等诸多奖项；在发挥自身文化、艺术特色的同时，树立了"以人为本、设计领先、努力创新、追求完美"的经营理念，在推动高等院校产、学、研结合，承接社会项目和培养人才方面发挥了重要的作用。

三、学科建设和人才培养

1. 学科建设

2000年10月，学院组织各系主任、责任教授在清华大学三堡绿化基地召开为期三天的学科建设讨论会，会议全面回顾和检讨了近几年来学院的办学得失，并就艺术设计学科和美术学科在国际国内新形势下的发展作了深入的探讨，讨论确立了美术学院在今后的发展中要"保持艺术设计学科优势，加速发展美术学科"的大方向。

学院继1981年率先获得工艺美术历史及研究硕士学位授予权（现为设计艺术学）和1986年获得工艺美术史论专业博士学位授予权（现为设计艺术学）后，2000年获得美术学硕士学位授予权，2003年获得美术学博士学位授予权。在专业学位方面，学院2001年获得工业设计工程硕士专业学位研究生招生培养资格，2005年获得艺术硕士专业学位研究生招生培养资格。2003年，由人事部批准设立艺术学博士后科研流动站。2006年7月，获得艺术学一级学科博士学位授予权。2008年，"艺术学"一级学科被北京市教育委员会评为北京市重点学科。

在教育部五年一次的国家级重点学科评审中，学院于2002年、2007年两度被评为本领域唯一的国家级重点学科。在国务院学位委员会五年一次的全国一级学科评估中，以我院的设计艺术学和美术学为主体的清华大学艺术学一级学科点，于2004年、2009年两度全国排名第一。2006年、2007年，学院连续两次被美国《商业周刊》评为全球60所最佳设计院校之一。

2010年10月13—15日，清华大学设计艺术学科国际评估在美术学院举行，国际评估专家共6位：日本设计教育家、多摩美术大学教授平野拓夫，德国工业设计家、斯图加特国立造型学院前院长克劳斯·雷曼，美国著名交互设计专家、卡耐基·梅隆大学设计学院前院长丹·博雅斯基，芬兰赫尔辛基艺术设计大学前校长、国际艺术设计院校联盟前主席约里奥·索特马，英国皇家艺术学院学术发展委员会主任阿兰·卡明斯，美国威斯康辛大学环境设计系主任董伟。评估专家听取了常务副院长郑曙旸所做的设计艺术学科建设情况汇报，分别组织教

2010年10月，清华大学设计艺术学科国际评估在学院举行

学科研、青年教师、本科生、研究生4场座谈会，参与人员近150人；参观清华大学艺术与设计实验教学中心、院实物资料室、美术图书馆；同时召开专家组内部会议，并与美术学院、校领导、学校有关职能部门负责人进行充分交流。校党委副书记史宗恺、副校长谢维和先后会见国际评估专家。谢维和出席了开幕式及意见反馈会。

专家组在评估报告中首先对国际评估工作给予充分肯定，认为是一个创举，对其他学校具有示范作用；指出我院具有领先的思考和行动力，成熟的学科建设，高水准的教学模式，优秀的生源，完善的师资队伍，先进的硬件设施和充足的经费保障，具有综合学科的背景优势，已经跨入国际最佳设计院校行列，前景值得期待；建议学院进一步明确"一流"概念，明晰科学与艺术、设计的关系，建立跨学科的课程体系，给予教师、学生更多的关怀与支持，建立"学院社区"，进一步加强国际化水平。

2011年1月，在全院教职工通报国际评估工作大会上，郑曙旸结合国际评估结果，提出学院以落实国际化发展战略、扎实做好专业整合、加强队伍建设、战略规划研究方向、合理利用学院教学资源、调配硬件设施为学院"十二五"期间的重点工作，为学院建设世界著名美术学院不懈奋斗。

2. 本科招生改革

合并以来，本科招生工作主要围绕如何提高生源质量不断推出新举措。为了加强中学教学与大学培养目标的衔接，从2001年开始，学院在全国先后建立了21所生源基地实验学校。为了使各生源基地学校及时了解学院的招生政策、办学方针，及时沟通招生政策和信息、提高美术教师的专业教学水平，学院多次先后组织生源基地学校年会、生源基地学校专业教学研讨会、生源基地学校教师进修班及生源基地学校生源考前辅导班。学院创建生源基地的做法，在社会上产生了深远的影响。这些生源基地学校每年为我院输送的优秀艺术生源，约占招生总数的1/3。截至2010年12月，学院有15所生源基地实验学校。

尝试采取多种考试形式，不拘一格选拔生源。从2000年开始，增加"冬令营考试"形式（2008年停止）；2006年，增加面对7所美院附中组织的"单独考试"（2009年停止）。冬令营考试是为了选拔文化成绩优秀、有美术特长且专业绘画基础能够符合我院认定标准的生源，考生均为全国省级重点中学或示范性中学的应届生。符合报考条件的考生，由学院组织统一的专业和文化测试，测试科目包括素描、速写和色彩三门，文化测试包括语、数、外三科。同时，考虑到艺术学科的特点，学院还采取单独考试的方式，选拔绘画基本功较扎实，符合造型艺术专业学习要求的生源。同时改变原来在高考文化课过录取分数线的情

2002年，学院第二批生源基地实验学校协议签订及授牌仪式

况下，按专业成绩排名录取的做法，采取"专业成绩和文化成绩相加，根据综合成绩的高低择优录取"的原则。学院所录取新生的文化课成绩逐年进步，整体素质不断提高。

随着教育部高等教育专业目录的调整以及学科间交叉融合的需要，从2000年4月起，学院招生考试科目打通专业界限，不再以原来的专业方向作为报考志愿，而就设计、美术、史论三大方向作为招生填报的专业，并允许学生多选报专业。因此，学院从本科招生改革入手，逐渐模糊专业界限。

为确保"招生政策的公开和透明，考试制度的健全和完善，操作环节的有效和规范，录取原则的公正和公平"，学院加强了招生管理的信息化、规范化、科学化建设。2006年，开发"本科招生管理系统"，实现网上报名、专业成绩录入及数据处理的网络化管理，方便考生报考，提高了工作效率；学院对招生工作的总则、组织机构的章程以及考试、录取各个环节的工作都制定了明确的章程和实施细则。同时，加强对招生工作的纪律监察，专门成立招生纪律监察工作小组，负责对招生工作中各个环节的全程监察。这些举措使学院近年来招生工作能一直保持着良好的社会声誉。

3. 本科培养

学院明确人才培养是学院的根本任务的理念，积极落实"一个根本、两个中心、三项职能"（以人才培养为根本，以教学、科研为中心，以教学、科研、服务社会为职能）的办学思想，积极探索综合学科背景下艺术学科跨越式发展和培养复合型、创新型人才的新思路。学院在总结原来基础部教学经验的基础上，继续推进"厚基础、宽口径"的教育思想，在一年级新生进校后按艺术设计、美术、艺术史论三大类安排课程学习，二年级以后再进入专业，收到了良好的成果。

学院共设10个专业系和1个基础教研室，本科生专业方向

2010年7月，清华大学美术学院2010届本科生毕业合影

25个：艺术设计学、美术学、染织艺术设计、服装艺术设计、陶瓷艺术、陶瓷设计、平面设计、书籍设计、广告设计、室内设计、景观设计、产品设计、展示设计、交通工具造型设计、信息艺术设计、动画与游戏设计、中国画、油画、版画、壁画与公共艺术、雕塑、金属艺术、漆艺、玻璃艺术、纤维艺术。

2000年9月，学院开始试行学分制管理。2001年9月，正式实施学分制。本科学制为四年制（实行弹性学习年限），修满学分并完成规定的教学环节后，授予文学学士学位。本科培养总学分196，其中课程学分174，其中实践环节7学分，毕业设计与毕业论文15学分，实践环节主要包括社会实践、专业考察、市场调研、专业实习等。

本科课程教学采用多元式教学模式，体现艺术教学特色。主要采用口授讲解、案例分析、作品示范、多媒体教学等综合手段授课，调研、专题分析与讨论、草图、设计、制作等阶段作业和课题作业相结合。主要特点有动手中学、信息互动、环境体验。

2007年，学院以教育部本科教学工作水平评估为契机，认真贯彻"以评促建，以评促改，以评促管，评建结合，重在建设"的评估方针，提高教学水平，规范教学管理，加强师资队伍建设与艺术院校交流，进一步凝练、深化和宣传学校的办学指导思想、办学理念、办学优良传统和办学特色，使学院的本科教学工作迈上一个新台阶。

为加强研究能力的训练，学院采取"工作坊（workshop）"

这一研究性实验教学形式，注重过程和研究性。例如，2007年以来学院每年主办的"创意未来——装饰材料创作营"就是工作坊的具体实现，来自中国、韩国的师生通过亲身的理解、触摸与创作，建立与材料的互动和情感，提高对材料的理解和认识，积极探索材料应用新的可能性，拓展材料表达方式的极限。教育部为促进学生自主创新兴趣和能力的培养，支持优秀学生进行创新性试验，2007年开始实施"国家大学生创新性实验计划"。学院2009—2010学年共立项5项，占全校该次立项总数的10%。

在国际交流方面，从2007年起，学校制定、实施了本科生30%、研究生50%在学期间须具备海外学习经历的计划，加大了学生国际视野培养的力度，效果明显。第一，十分重视国际合作课程中学生间的直接接触。工业设计系、环境艺术设计系、视觉传达设计系、染织服装艺术设计系先后与芬兰赫尔辛基艺术设计大学，意大利米兰理工大学设计学院，韩国KAIST大学、憬园大学、建国大学，德国多特蒙德实用技术学院，丹麦寇丁设计学院等相关院系开展国际合作课程。第二，本科交换生项目主要面向我校派出时为大三年级的非定向本科生，时间一般为一学期。2007—2010年，学院选派20位同学赴境外院校交换学习（如日本名古屋大学、新加坡国立大学、澳大利亚新南威尔士大学等）。第三，开设赴欧美考察、访学、交流的夏季学期课程。2009年7—8月，学院9个系36名同学在5名任课教师的带领下参加美国的课程学习。2010年7—8月，染织服装艺术设计系、视觉传达设计系、工业设计系、环境艺术设计系、信息艺术设计系、工艺美术系、绘画系分别组队，共计108名本科生，赴美国、英国、意大利、法国进行访学、交流。

此外，学院逐步实现继续教育从学历学位教育向非学历学位教育的转型。2003年10月，学院成立培训部（2004年改为培训中心），积极开展高层次、高质量、高效益的职业培训。同时，学院缩小成人教育（专升本）的规模，2006年最后一批专升本学生毕业后撤销成人教育部。

4. 研究生培养

在人才培养方面，学院确立了在稳定本科生招生规模的前提下，积极扩大研究生的招生规模的人才培养结构原则。学院研究生数量逐年增加，人才培养的层次结构正在发生变化，朝着大学整体的"综合性、研究型、开放式"目标发展。2010年9月，在校本科生1076人，其中留学生132人；研究生575人，其中博士生104人，含留学生14人，港澳生6人；普通硕士生244人，含留学生14人，港澳生7人；普通艺术硕士131人，全日制艺术硕士20人；普通工程硕士23人，全日制工程硕士20人；交叉学科硕士33人。

在保持研究生不同类型教学特点和规律的基础上，学院明确培养定位和目标。博士研究生要培养成学术研究型高级人才，具备学科带头人的素质，能独立从事学术研究工作和教学工作；文学硕士学位研究生分为学术研究型和应用研究型两类，要求学位获得者在本学科掌握坚实的基础理论和系统的专业知识，具有从事学术研究和独立进行艺术设计（创作）的能力。艺术硕士专业学位研究生要培养成具有系统专业知识和高水平艺术设计和创作能力的高层次、实践型专门人才。工程硕士专业学位研究生要培养成掌握工业设计工程领域坚实的基础理论和宽广的专业知识、具有较强的解决实际问题的能力，能够承担专业技术或管理工作、具有良好的职业素养的高层次应用型专门人才。

至2010年，学院研究生培养的研究方向主要为：美术历史与理论研究、视觉艺术理论研究、艺术与人文精神研究、设计艺术历史与理论研究、艺术与科学理论研究、设计艺术教育研究、设计艺术与应用研究、美术创作与理论研究、工艺美术研究、公共艺术研究。

在国际学术交流方面，学院鼓励支持学生出国深造、实习、交流。2006年以来，10名博士生获得国家的留学资助，结合论文研究工作，前往境外著名院校进行联合培养，为期半年或1年，学校主要有英国剑桥大学、美国麻省艺术设计学院、法国巴黎高等师范学院、芬兰赫尔辛基艺术设计大学、美国哥伦比亚大学、瑞士苏黎世造型艺术学院、英国皇家艺术学院、英国伦敦艺术大学坎伯韦尔艺术学院等。

此外，研究生进行国际学术交流人数逐年上升，2009年已达到35人次。自2005年以来，先后有124名研究生前往美国、英国、德国、意大利、俄罗斯、瑞典、日本、韩国等10多个国家进行学术交流，主要为学术会议、课题研究、课程学习和艺术考察等。

根据学科建设的实际情况，学院进一步推进学科交叉，提高学科建设的水平。2006年10月，开设面向清华大学理工科学生的设计艺术（数字娱乐设计）第二学士学位班。2008年，学院与计算机系、新闻与传播学院共同建立"信息艺术设计"交叉学科硕士学位项目，面向国家文化创意产业发展的需求，培养具有艺术、技术、传媒等综合知识背景的人才。

2009年10月，由教育部学位管理与研究生教育司、国务院学位委员会办公室主办，国家财政部资助，校研究生院与我院共同承办的"2009年全国博士生学术会议（当代设计艺术理论的研究趋势）"在学院举行。会议举办了博士生论坛，并评选"优秀论文奖"、"优秀学术创新思想奖"、"最佳表达奖"。会议作为教育部实施的研究生教育创新计划的重要项目，为全国设计艺术学及相关学科领域的博士研究生提供了高水平、高层次的学术交流平台。

5. 师资队伍建设

根据学科发展与教师培养的规划，学院坚持人才引进与选拔培养相结合的原则，加大对中青年教师的培养，提高他们的学历层次和业务能力，要求教师从严执教，教书育人。为实现保持设计艺术学科优势，加速发展美术学科的目的，学院一方面积极从国内外引进陈丹青、曾成钢、吕敬人、李象群、魏小明、邓伟、王宏剑等30余位知名教授、优秀的设计师和艺术家来学院任教，另一方面每年选送青年骨干教师出国访问或攻读学位，同时注重从毕业研究生和出站博士后中选拔优秀者补充师资队伍，多元地建设国内领先、富有国际影响力的教师队伍。2010年12月，共有教师202人，其中教授64人（博士生导师32人），副教授96人，讲师40人，助教2人。

2001年以来，学院的老教授和在校教师多次获得教育部、文化部和中国美术家协会等部门的重要奖励。2002年和2003年，张仃、吴冠中先后获文化部颁发的"造型艺术杰出成就奖"。2006年、2007年、2008年，常沙娜、袁运甫、白雪石先后获文化部颁发的"造型艺术杰出成就奖"。2004年，尚爱松、田自秉、吴达志、王家树被中国美术家协会评为"卓有成就的美术史论家"奖。2008年，叶喆民、黄能馥获中国美术家协会颁发的"卓有成就的美术史论家"奖。

2001年和2002年，鲁晓波、杭间先后获教育部"高校青年教师奖"。2003年，李砚祖获"第一届高等学校教学名师奖"。2006年和2007年，柳冠中先后获"第三届北京市教学名师奖"、"第三届高等学校教学名师奖"。2007年，何洁被人事部评为"第二届全国中青年德艺双馨文艺工作者"。2008年，尚刚获"第四届北京市高等学校教学名师奖"。2009年，郑曙旸获"第五届北京市高等学校教学名师奖"。2010年，张夫也获"第六届北京市高等学校教学名师奖"。

部分教师在国务院学位委员会学科评议组、教育部相关教学指导委员会、中国美术家协会、中华美学学会、中国工艺美术学会、中国服装设计师协会、中国家用纺织品行业协会、中国工业设计协会、中国包装联合会等国家级社会团体中兼职。

6. 教学与科研成果

学院建立本科、研究生系统培养的整体观念，整合专业设置和专业方向，梳理课程结构，完善课程建设，树立精品意识，加强教材建设，取得了丰富的教学成果。在教学成果方面，2001年，张绮曼、郑曙旸、张月、苏丹、刘铁军的"面向21世纪的艺术设计重点学科环境艺术设计专业教材建设"、柳冠中的"工业设计学系统教材"、陈进海的《世界陶瓷艺术史》获"国家级高等教育优秀成果二等奖"。2005年，李当岐的《服装学概论》获"国家级高等教育优秀成果二等奖"。2009年，柳冠中、邱松、史习平、刘志国、刘新"综合造型基础"课程获教育部颁发"国家级教学成果奖二等奖"。同年，柳冠中的"综合造型基础"课程教学团队获北京市教委颁

《唐代工艺美术史》，尚刚著,2000年获北京市第六届哲学社会科学优秀成果一等奖

《外国工艺美术史》，张夫也著，2000年获北京市第六届哲学社会科学优秀成果二等奖

《手艺的思想》，杭间著，2002年北京市第七届哲学社会科学优秀成果二等奖

《造物之美——产品设计的艺术与文化》，李砚祖著，获2002年全国高校优秀教材一等奖

《世界陶瓷艺术史》，陈进海编著，获2002年全国高校优秀教材二等奖

《工艺美术概论》，李砚祖著，获2002年全国高校优秀教材二等奖

"工业设计学系统教材"，柳冠中主编，2002年获国家教委高等教育优秀成果二等奖

发的 "北京市优秀教学团队" 称号。2001—2008年，另有9项教学成果获 "北京市教育教学成果（高等教育）一等奖"，3项获得二等奖。

在精品课方面，2006—2010年，柳冠中的 "综合造型基础"、郑宁的 "传统陶艺"、张夫也的 "外国工艺美术史"、郑曙旸的 "室内设计"、尚刚的 "中国工艺美术史"、吴冠英的 "动画设计"、田青的 "传统染织艺术" 7门课程被评为 "国家精品课"。2003—2009年，另有9门课程被评为 "北京市精品课"。

《中国丝绸科技艺术七千年》，黄能馥、陈娟娟著，2003年获"国家图书奖"　　《服装学概论》，李当岐著，2005年获国家教委高等教育优秀成果二等奖　　《中国纹样史》田自秉、吴淑生、田青著，2004年获第十四届"中国图书奖"

《高等教育自学考试(艺术设计专业)指定教材》，王明旨编，被评为"2004年北京市高等教育精品教材"

在教材、著作方面，2002年，田自秉的《中国工艺美术史》、李砚祖的《21世纪素质教育系列教材——高等学校美育教材系列》、《工艺美术概论》分别获全国普通高等学校优秀教材评选一、二等奖；奚静之的《俄罗斯美术十六讲》、尚刚的《元代工艺美术史》获中国高校人文社会科学研究优秀成果三等奖。2003年，黄能馥、陈娟娟的《中国丝绸科技艺术七千年》获国家新闻出版总署"国家图书奖"。2005年，田自秉、吴淑生、田青的《中国纹样史》获第十四届"中国图书奖"。2008年，杭间的《中国工艺美学史》获北京市第十届哲学社会科学优秀成果奖一等奖；尚刚的《隋唐五代工艺美术史》获高等学校科学研究优秀成果奖（人文社会科学）三等奖；杭间、郭秋惠的《中国传统工艺》获高等学校科学研究优秀成果奖（人文社会科学）普及成果奖。2009年，尚刚的专著《隋唐五代工艺美术史》和张敢的论文《神话的制造者——美国抽象表现主义与文化冷战》获文化部、中国文联、中国美术家协会首届"中国美术奖·理论评论奖"。2010年，叶喆民的《中国磁州窑》获国家新闻出版总署"中华优秀图书一等奖"；杭间的《设计道——中国设计的基本问题》获北京市第十一届哲学社会科学优秀成果奖二等奖。另有杨永善的《陶瓷造型艺术》等17部教材，于2004—2008年被评为"北京市高等教育精品教材"。

2001年至今，学院部分教授承担由教育部组织的人文社会科学研究项目共18项，例如柳冠中主持的的规划基金项目"思维方法与设计方法论研究"，李当岐主持的规划基金项目"中西方服饰文化比较研究"，杭间主持的教育部优秀博士论文专项资金项目"中国古代、近代、现代艺术设计史研究"等。学院还承担由文化部组织的国家社会科学研究基金艺术学研究项目13项，例如何洁主持的重点项目"中国现代手工艺的发展研究"、唐薇主持的一般项目"张光宇艺术研究"等。

四、基础设施建设

1. 光华路校区的修缮改造

2000年开始，在学校的支持下，学院对光华路校区进行了修缮与改造。其中包括电增容、校园局域网建设，并对教学管理和研究的主要所在地2号楼进行重新装修；针对就餐人数日益增多等问题，对食堂进行新的改造，就餐环境焕然一新。同时，还对礼堂、留学生楼、小家属楼进行扩建和改造，满足了学院发展的需要。

2. 新教学楼建设

　　光华路校区占地共45亩，全院总建筑面积不到6万平方米，因处于北京CBD核心区，难有新的发展空间。为了解决校园发展空间的局限性，使学院的学科结构和教学体系有更大的发展空间，为了更好地实现校内学科之间的交流融合，充分利用清华园的综合教育资源，2003年，大学决定在清华园建设美术学院教学楼、清华大学艺术博物馆、美术馆。为了使建筑具有前瞻性、科学性、艺术性，大学举办建筑方案国际征集活动，邀请国内外知名设计单位参加。吴良镛任主席，吴冠中、袁运甫、王明旨、尹稚、张锦秋、罗伯特·文丘里、胡安·布斯盖、冈田新一、马斯莫·卡玛希等国内外著名专家组成评审小组，最后选用美国帕金斯·威尔公司的教学楼设计方案和瑞士著名建筑师马里奥·博塔的大学艺术博物馆和美术馆设计方案。

2005年11月1日，学院新教学楼落成典礼

清华大学美术学院大楼

　　2003年11月2日，举行学院新教学楼奠基典礼。2005年9月，新教学楼顺利完工，学院由光华路校区整体迁入新教学楼。11月1日，举行新教学楼落成典礼，校长顾秉林、校党委书记陈希，校领导王大中、贺美英、王明旨、张再兴、汪劲松、张凤昌、谢维和、孙道祥，老院长张仃、两院院士吴良镛、国家考试中心主任、原中央工艺美术学院党委书记赵亮宏等出席。

　　新教学楼的设计体现了大学建设标志性建筑景观的超前意识，建筑总面积6.3万平方米的新教学楼不仅为学院师生提供了良好的艺术创作和学术交流的空间，而且也是大学文化艺术交流的重要平台。

3. 图书馆建设

　　合并以后，在学校的技术支持下，学院图书馆开始建立"数字化图书馆"和"数字化博物馆"工程，成立"数字博物馆"专家委员会，聘请我院与故宫、中国美术馆等专家、学者尚爱松、叶喆民、黄能馥、杨新、单国强、陈娟娟、叶佩兰等对院藏文物陶瓷、书画、织绣等逐件加以鉴定，并分别写出书面说明存档参考。2005年，学院迁入清华园美术学院教学楼后，学院图书馆成为大学图书馆的分馆，改称"美术图书馆"，无论是硬件设施、馆藏资料还是管理体制、运行模式均有较大的发展，学院投入数千万元购买大量的图书及实物资料，以丰富馆藏。2000年至今，杨永善、王国伦、陈瑞林、李正安、何洁先后任馆长。

美术图书馆总面积3000平方米，阅览座位200多个。至2010年，馆藏图书21.5万册，其中艺术类专业图书约13.5万册，中、外文报刊470余种，电子期刊600余种，所有馆藏文献均可通过OPAC进行网上查询；馆藏中外艺术品1.2万余件，居于中国高等艺术院校艺术品收藏的前列，某些藏品（如明式家具、古代织绣）享有一定的世界声誉。

至2010年，教育部"清华大学美术学院数字博物馆（第一期）"建设已经完成，收入藏品约3000件。与艺术和设计相关的数据库10种，电子期刊200种。美术图书馆在国内同类型图书馆中具有馆藏丰富、藏书完整、专业方向明确的优势，是一个设施完备、功能齐全、开放式的数字化美术与设计专业图书馆。

4. 清华大学艺术与设计实验教学中心

学校和学院十分重视实验室建设和实践教学，2003—2008年建设经费投入总计3100多万元。为了有效整合教学资源，加强实践教学，进一步提高实验教学水平和实验室管理水平，2008年4月，学校成立校级实验教学中心"清华大学艺术与设计实验教学中心"，设立29个实验室（含网络中心），挂靠美术学院管理，郑曙旸任中心主任，刘金池任常务副主任。2009年，何洁任主任，杨静、姜明任副主任。

至2010年，中心实验室有29个：网络中心、摄影实验室、版画工艺实验室、综合模型实验室、人机工学实验室、服

摄影实验室

纤维艺术实验室

装工艺实验室、皮草工艺实验室、传统染织工艺实验室、织绣工艺实验室、印染工艺实验室、视觉传达设计实验室、纸纤维工艺实验室、汽车造型实验室、涂装工艺实验室、材料与构造实验室、木工艺实验室、照明与色彩实验室、陶瓷艺术与设计实验室、纤维艺术实验室、玻璃工艺实验室、漆工艺实验室、首饰工艺实验室、金属工艺实验室、信息艺术设计实验室、壁画与公共艺术工作室、国画工作室、油画工作室、泥塑工艺实验室、木雕工艺实验室。中心总面积达13 160平方米，设备资

产总额近3000万元，设备总数 1700余台件，已成为国内艺术
与设计领域涵盖专业面最广，综合性、交叉性最强的实验教学
中心。

2008年，被评为北京市实验教学示范中心和清华大学一
级实验室。2009年底，被评为国家级实验教学示范中心建设
单位。截至2010年，中心与国外合作的项目、课题、课程和
交流活动13项，其中签署合作协议的项目11项。中心还与国内
企业签署16项合作协议，企业资助项目9项，共计25项。中心
不仅满足了美术学院各专业的实验教学活动，为美院师生的科
研和创作实践提供空间和技术支持，同时面向清华大学其他学
院学生开设艺术素质和艺术探究选修课程。

5、学院美术馆

"学院美术馆（Visual Art Center）"成立于2009年5
月，隶属美术学院，杭间任馆长，袁佐、任茜任副馆长，是一
家面向学校艺术教育成果和综合反映国内外现当代艺术状况的
展览机构。学院美术馆缘起于1956年创办的中央工艺美术学院
礼堂画廊和光华路校园1号教学大楼展厅，2009年在清华园美
术学院临时展厅的基础上，按美术馆的标准重新设计正式扩建
而成。学院美术馆位于学院大楼B区一层，分为4个展厅，总面
积约1800平方米，其中1号展厅最高层高20米，4号展厅层高8
米，适合举办包括大型雕塑和装置作品在内的各种形式的艺术
展览。

学院美术馆通过策展人申请、展览学术审查委员会投票
表决的机制，会聚国内外优秀的现代艺术和设计作品展，完善
美术馆的教育功能，丰富北京文化创意产业的精神景观，促进
与国内外一流美术馆、博物馆的交流合作，为推动中国当代艺
术和设计的发展做出了努力。自成立以来，已经举办了"美国
当代版画十年：1999—2009"，"90年：包豪斯道路——历

史、遗泽、世界和中国文献展"等多个富有学术影响力的展览，以及学生毕业作品展等常规展览，为学校与社会营建了丰富、高品位的学术性展览空间。

五、学术成果与国际交流

1. 主要展览与学术活动

2000年以来，学院主办和承办了多次有影响的国际艺术设计展览和研讨会，显示了学院的专业实力和开阔的国际视野。2000年10月，由学院主办的"中国清华大学2000年国际陶艺交流展"在中国美术馆举行，展出清华大学美术学院师生和17个外国陶艺家的300余件作品。这是合并以来学院首次举办的大型艺术交流展，反映了国内外陶瓷艺术的发展状况。

"中国清华大学2000年国际陶艺交流展"开幕式

2000年11月，由学院主办、染织服装设计系承办的"第一届全国纺织品设计大赛暨理论研讨会"在学院举行，展出全国20余所高

"从洛桑到北京——2000年北京国际纤维艺术双年展"开幕式在光华路校园举行

等艺术设计院校师生和企业设计作品近千幅。这不仅增进了全国高等艺术设计院校的教学交流，而且加强了纺织品学校与企业的沟通，促进了我国纺织品的发展。此后，每年定期举行"全国纺织品设计大赛暨理论研讨会"。

2000年，由工艺美术系承办，学院举办了"从洛桑到北京——2000年北京国际纤维艺术双年展"。瑞士洛桑是20世纪世界纤维艺术的中心，从1962年到1995年曾举办过15届国际纤维艺术双年展，1996年以后因失去主办者而停办。此次展览是继洛桑双年展以后国际上最大规模的纤维艺术展，为各国艺术家的了解与合作架起了一座从洛桑到北京的桥梁。至2010年，双年展已成功举办了6届。

2001年5月，在清华大学建校九十周年之际，在著名物理学家李政道与著名画家吴冠中的策划与倡导下，由清华大学主办、美术学院承办的"艺术与科学国际作品展暨学术研讨会"在中国美术馆举行，来自19个国家32所高等艺术院校的112位专家学者，与中国科学界、文化艺术界、教育界的专家学者参加了会议和展览。展出作品566件，共收到论文160篇。活动得到江泽民等党和国家领导人的关心和支持，中共中央政治局常委、全国政协主席李瑞环出席展览开幕式，江泽民、李鹏、李岚清、温家宝等党和国家领导人参观了展览。

2004年9月，由清华大学美术学院、中央美术学院主办，清华大学艺术与科学研究中心、北京科博通连广告有限公司承办的"国际平面设计

《艺术与科学——火》，何洁设计，2000年

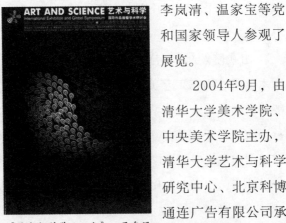

《艺术与科学——水》，马泉设计，2000年

协会（AGI）年会"
及"AGI会员设计作
品展"在学院举行。
1951年创建于法国巴
黎的国际平面设计协
会，作为各国著名设计
师的联合组织，是国
际平面设计界的权威组
织，成立50多年来首
次在中国举办。会议不

"2004北京首届国际新媒体艺术展暨论坛"开幕式

仅增进了各国平面设计师的交流，而且推动了中国艺术设计教
育与平面设计的发展，并扩大了中国平面设计界在国际上的
影响。

　　2004年，学院参与主办的首届北京国际新媒体艺术展暨
论坛在中华世纪坛举办。论坛邀请国际各大知名学府和艺术组
织，围绕"引领前沿"、"飞越之线"、"代码：蓝色"主
题，就中国现代化和城市化进程中出现的巨大冲击和新兴机遇
展开了一系列艺术展示和学术交流活动。国际知名的新媒体艺
术家汇聚一堂，展示他们前沿的艺术作品，并就当下新媒体艺
术领域的若干问题展开深入交流和讨论。至2008年，已成功举
办了4届。

　　由我院发起，南京艺术学院、上海大学美术学院、西安
美术学院、山东工艺美术学院5个学院每年确立主题轮流主办
的"中国现代手工艺学院展"，旨在通过学院的力量重新唤起
社会对现代手工艺的重视。2005年11月，"传承与超越——
首届中国现代手工艺学院展暨学术研讨会"在学院新教学楼举
行。此后，"中国现代手工艺学院展"每年以不同的主题在上
述5个学院轮流展出。

　　2005年3月，由学院和中国工艺美术学会漆艺专业委员

会、中国美术家协会漆画艺术委员会、中华世纪坛艺术馆、北京艺术设计学院主办，由学院工艺美术系、中央美术学院设计学院、北京服装学院艺术设计学院承办的"从河姆渡走来——2005中国现代漆艺展暨国际现代漆艺学术研讨会"在中华世纪坛举行。至2010年，已成功举办3届。

2006年10月，由学院等国内10余所文化艺术单位联合主办的"首届ISCAEE国际陶艺教育交流年会"在学院举行，来自中国、日本、美国、韩国、土耳其等10多个国家40多所院校的200多位陶艺专业的师生参加。ISCAEE（国际陶瓷艺术教育交流学会）首届年会展出203件作品，收到数十篇学术论文，讨论了陶艺教育与产业结合、中国传统陶艺研究等议题，并进行现场工艺演示，活动后期组委会还组织与会专家前往景德镇、醴陵等传统陶瓷产地专业考察。

2006年11月，由清华大学与北京市海淀区政府主办，清华大学艺术与科学研究中心、清华大学美术学院、清华科技园承办的第二届"艺术与科学国际作品展暨学术研讨会"在大学主楼报告厅开幕。来自23个国家和地区的210件作品，全面地展示了关于"和谐与创新"主题的艺术创作国际成果。国内外70余所高校及研究机构参与展会，不仅把国际上艺术与科学领域内的学术成果带到了中国，而且使艺术与科学研究具有了国际性的意义。

2008年是《装饰》创刊50周年。11月，《装饰》杂志在学院的支持下举办了一系列大型庆祝活动：①举行隆重的纪念活动开幕式；②举办"装饰·中国路——新中国设计文献展"，通过展出《装饰》50年积累的文献材料，配合时代背景，展示新中国50余年来国家形象、日用民生、设计教育、理论思考的设计成果；③举办"从工艺美术到艺术设计"研讨会，全国40多所艺术设计院校代表参加，旨在为促进国内工艺美术与设计理论发展不断作出贡献；④出版《纪念创刊50周

年·增刊》，精选《装
饰》历年发表的数十篇
具有重要文献价值的文
章，以作为新中国艺术
设计类发展历程和《装
饰》成长历程的见证。

2008年11月，为纪念创刊五十周年，《装饰》举办"新中国设计文献展"

2009年10月，由
我院、美国卡耐基·梅
隆大学设计学院和香港
理工大学设计学院共同
主办的"2009北京交互设计国际会议"在学院召开，会议主
题是"交互设计教育、创新及从业"，来自中国、美国、澳大
利亚、荷兰、芬兰、日本等国的18位专家分别演讲，并探讨交
互设计的前景、意义、教育与实践、教育课程等。全国40所院
校的师生和10多家企业的从业人员共300余人参加大会。

2010年1月，由清华大学美术学院、汕头大学长江艺术
与设计学院主办，学院美术馆承办的"90年：包豪斯道路——
历史、遗泽、世界和中国文献展"在学院美术馆开幕。展览作
为纪念包豪斯创立90周年暨中国现代设计发展研究系列活动之
一，分为"包豪斯的真相"、"乌尔姆的继承和批判"、"包
豪斯在美国"、"中国与包豪斯"、"在东亚：日本、中国
台湾和中国香港"5个部分，除了引用中外专家学者的不同领
域的研究成果，还引入来自欧洲和美国的三部关于包豪斯的影
像，为观众呈上客观、真实、深刻的文献资料。

2010年6月，由学院和《装饰》杂志主办、北京清尚环艺
建筑设计院协办的"未来的想象——2010年上海世博会展示设
计高峰论坛"在上海召开。知名艺术设计院校领导及相关专家
学者、博物馆界的知名人士、参与世博会项目的设计师和团体
以及来自文化部、中宣部和上海世博局的政府官员等近200名

代表参加了论坛。论坛以"未来的想象"为题，讨论了上海世博会的展示方式、展示内容以及展示设计专业发展趋势，对于中国展示设计以及会展业的未来发展具有深远的意义。

为了庆祝院庆54周年，通过鲜活的历史影像点滴记录学院历史，2010年11月1日，由学院主办的"光华路：中央工艺美术学院'老照片'展"在学院美术馆举行。展出的300余幅老照片和播放的6个专题片（院庆35、40周年专题片，陈叔亮先生、张仃先生、雷圭元先生、郑可先生专题片），从不同角度折射出中央工艺美术学院从白堆子到光华路的创建发展历程。岁月留痕，影像珍贵，点点滴滴，记录历史。"中央工艺美术学院"这个名字就活在中国现代设计史中，这些老照片背后的事件会被人慢慢回忆和解读，因为照片中的人曾经的作为，是清华大学美术学院和中国设计不可逾越的传统。

2. 科研经费与重大项目

2000年以来，学院的科研结合社会实践的课题经费持续增长，从2000年合同额255.9万元增至2009年合同额10 360.1万元，项目数量从2000年的46项增至2009年的155项。尤其是2005—2009年，共获得项目经费31 119万元，年均6224万元。研究课题与经费的数量领先于国内其他院校。

学院的许多研究课题都与国家的政治、经济、文化建设有直接、密切的联系。例如，1999年首都国庆群众游行总指挥部下达的国庆五十周年彩车设计，澳门回归祖国中央政府赠送澳门特区的礼品设计，"两弹一星功勋奖章"设计，北京太庙《中华和钟》设计，中华世纪坛世纪大厅彩石浮雕环形壁画《中华千秋颂》、锻铜浮雕贴金柱《日月光华》、天顶光导纤维《新世纪元年宇宙星空图》及青铜甬道设计，中央军委办公楼（现八一大楼）和北京警察博物馆的室内设计，四川广安邓小平雕像创作，三峡坝区艺术设计与文化建设总体规划，中国

两弹一星功勋奖章，项目组成员：王明旨、王国伦、何洁、吴彤等，采用方案何洁设计，1999年

中华世纪坛世纪大厅，袁运甫任美术总设计，2001年

四川广安邓小平铜像，李象群创作，2004年

国务院第1、2、3会议室地毯设计，田青主持设计，2005年

公路零公里点标志设计，中国铁道部运输局委托的"中国高速铁路信息导向系统研究"与中国高速铁路车站导向系统的设计标准（中国高铁的建设标准之一），以及"光辉的历程——中华人民共和国建国五十周年成就展"、"纪念中国人民抗日战争暨世界反法西斯战争胜利60周年大型主题展览"设计、"纪念中国共产党成立80周年图片展展示设计"、"中华人民共和国成立五十五周年成就展"、"中国地质博物馆岩石矿物陈列"等大型主题展览的总体设计。

北京2008申奥标志，1978级
校友陈绍华等主创，2001年

第29届奥运会标志，1980级
校友郭春宁、1983级校友
张武主创，2003年

第29届残奥会吉祥物，我院
教师吴冠英主创，2006年

第29届奥运会吉祥物，1955级校友韩美林，我院教师吴冠英、陈楠主创，2005年

从2001年开始，围绕北京举办的2008年第29届奥运会、残奥会，学院师生及校友完成了一系列设计工作。例如，北京2008申奥标志，第29届奥运会标志、吉祥物，第29届残奥会吉祥物，奥运会核心图形"祥云"，奥运会、残奥会官方海报设计，奥运会、残奥会颁奖台，奥林匹克公园公共设施系统设计，奥运中心区照明设计，奥运会制服设计，北京市出租汽车、公交汽车、公交场站外观色彩规划设计，北京奥运城市环境景观规划，北京地铁10号线装饰艺术设计，奥运数字博物馆，马拉松比赛沿线——北京前门大街、永内东街二十四节气景观柱景观设计等设计项目，以及"2008奥运景观雕塑方案征集大赛及国际巡展"的策划与实施；并参与奥运会开闭幕式中的缶、活字模、宫殿、盛装龙柱、参赛国引导牌、观众席环保袋等多项设计工作，以及缶、龙柱、船桨等多个项目的创意策划工作；完成《奥运特许产品设计指南》、《奥运特许产品包装设计指南》等书籍设计工作，合作出版《2008北京奥

第29届奥运会官方海报

第29届奥运会核心图形

运场馆旅游交通地图主题篇》、《新北京、新奥运地图集》，
参与北京2008年奥运会中国升旗手服装设计，奥运会门票设
计，奥运会纪念币、纪念钞修改与设计。学院坚持艺术与科学
的结合，将中国优秀的传统文化和奥林匹克精神有机结合，展
现了当代中国人民的精神风貌，传达了"绿色奥运、科技奥
运、人文奥运"的北京奥运会核心理念。

　　为了全力支持奥运，2006年10月，赵萌、千哲、刘东
雷、马泉、陈楠、周岳6名教师全职借调到奥组委工作；其
中，赵萌任奥运会形象景观艺术总监。2008年，学院获北京
市委教工委、北京市教委、共青团北京市委、北京市学生联合

2009年10月，国庆六十周年北京彩车，何洁、倪罡、何明夏等设计

2009年10月，国庆六十周年天安门广场民族柱，何洁、何忠、冯小红等设计

会授予的"首都教育系统奥运工作先进集体"称号。工业设计系、装潢设计系荣获"清华大学北京奥运会、残奥会先进集体"称号。赵萌获得由国务院办公厅、中共中央办公厅授予的"北京奥运会、残奥会优秀个人"称号。常沙娜、吴冠英获得中共北京市委、北京市人民政府、北京奥组委授予的"北京奥运会、残奥会特别荣誉奖"（个人）。吴冠英（奥运会、残奥会吉祥物设计）获国家新闻出版署、广东省政府主办的首届中国国际漫画大会暨漫画节"中国漫画杰出贡献奖"。千哲、刘

2010年，上海世博会中国馆湖南馆展区，整体造型为两个魔比斯环相扣，整体设计鲁晓波

东雷获得中共北京市委、北京市人民政府、北京奥组委授予的"北京奥运会、残奥会先进个人"称号。装潢系奥运会、残奥会海报设计小组、吉祥物修改创作小组，工业系邱松设计的奥运会残奥会颁奖台获得"2008中国创新设计红星奖奥运设计特别奖"。工业系系统工作室为奥林匹克广场中心区设计的照明路灯"飞翔"获得"2008中国创新设计红星奖至尊金奖"。

在2009年国庆六十周年庆典上，学院师生完成了13辆游行彩车和矗立在天安门广场的56根民族团结柱设计；设计完成了中国政府举办的《辉煌六十年——中华人民共和国成立60周年成就展》。还创作完成了中国科技馆新馆公共空间的大型壁画和浮雕作品。

在2010年上海世博会上，学院师生充分发挥在艺术设计领域的优势，为世博会设计了众多项目，如城市未来馆、中国湖南馆，世博会标识系统、世博会系列主题衍生产品，反映震后北川新貌及羌族古老文化风情的"恋·羌绣"主题展览的策划、设计和展馆搭建、园区雕塑方案等。其中由鲁晓波主持设计的湖南馆，由于设计优秀、运营突出，被中共中央、国务院授予"上海世博会先进集体"称号。邓伟教授历时30年完成的

"中国人"专题摄影展亮相世博会公众参与馆，为世界了解中国打开了独具特色的艺术之门。

3. 学术刊物

1999年以来，学报《装饰》杂志以其在全国艺术设计领域的学术性、权威性、文献性被北京大学图书馆确认为"中文类核心期刊"，被国家图书馆认定为全国中文艺术类10种核心期刊之一；连获三届国家新闻出版署颁发的"国家期刊奖"，并被评为"全国百种重点社会科学期刊"；经中宣部和国家新闻出版署评选审定，被批准进入"中国期刊方阵"，授予"双奖期刊"标识。2008年，经教育部批准入选"中文社会科学引文索引"（CSSCI）来源期刊，成为全国艺术设计类学术期刊中唯一进入CSSCI来源期刊的刊物。2009年，获得"新中国60年有影响力的期刊"称号。2000年至今，张夫也、赵萌、方晓风分别担任主编。

从2007年第4期开始，除保留原有栏目外，《装饰》每期特别策划一个专题，针对艺术设计的热点问题进行探讨，选题范围广泛。2009年12月，值《装饰》杂志刊行200期之际，杂志官方网站（http://www.izhsh.com.cn）正式上线，成为关注中国本土设计的专业网站，颇受设计相关专业人士欢迎。

为扩大全国艺术设计院校的交流与合作，《装饰》杂志社先后与重庆工商大学、哈尔滨师范大学艺术学院、广州美术学院设计学院共同主办"2006全国高等院校艺术设计专业基础教学论坛"、"2007全国艺术设计教育论坛"、"2008年全国设计教育论坛——'地域性'与'当代性'主题研讨会"，对促进设计教育事业的发展起到重要的推动作用。《装饰》还特别关注学术前沿和热点话题，积极参与设计理论的研讨和建设。2007年11月，与浙江工商大学艺术设计学院发起"2007全国设计伦理论坛"，并签署了《杭州宣言》，呼吁以

《艺术与科学》第一卷，　《清华美术》第一卷，2005　《装饰》杂志蝉联三届"国家期刊奖"
2005年3月出版　　　　　年3月出版

未来的名义为设计反思，以设计的名义承担起伦理反思和价值
重建的责任。2010年5月，与湖南工业大学联合主办"绿色之
辨——2010年绿色设计国际学术研讨会"，促进各个领域与地
区有关绿色设计理论和实践的交流。

　　为了在理论基础上强化艺术与科学的交流和完善学院学
术理论的全面建设，美术学院在2005年初创办了《艺术与科
学》和《清华美术》两种不定期学术丛书，由清华大学出版社
出版。《艺术与科学》杂志以艺术与科学的探讨为宗旨，研究
艺术与科学两者的关系和影响，探讨二者在理论和实践方面的
交流、交叉和交融的可能性；研究艺术中的科学，亦研究科学
中的艺术；倡导艺术与科学交融的新思维、新方法，促进艺术
与科学的良性互动与发展。《艺术与科学》由李砚祖任主编，
至2010年已出版9卷，内容涉及艺术与地理学、艺术与考古
学、艺术与四季、艺术与体育、地方性知识与佛教美术等多方
面的交叉研究成果。

　　《清华美术》坚持"立足美术本体，兼及周边学科"的
办刊原则，密切关注美术在当代社会语境与意识形态下衍生出
来的多种问题，努力展现宏观历史文化框架中的学术视野，彰
显不同学术领域的多元思想，以期成为有益于新世纪美术创作
与研究，具有前瞻性、当代性与世界性的学术平台。杜大恺、
张敢先后担任主编，至2010年已出版9卷，分别围绕双年展、

多元视界中的中国画、后现代语境中的当代艺术、中国城市文化及其视觉表征、中国当代艺术批评、中国当代艺术与资本等话题展开深入探究。

4. 国际交流

进入21世纪以来，学院对外学术交流活跃，积极邀请各国艺术家、设计师、兄弟院校到学院举办作品展览以及中外联合展览，促进各学科项目的跨国交流与合作，尤其在新兴学科的工作室合作方面交流频繁，并先后与韩国艺术大学、韩国科技大学、英国普利茅斯大学、新加坡南洋艺术学院以及中国台北实践大学签订了校际交流协议。邀请欧洲、美洲、亚洲各个国家的著名艺术设计家、教授、学者等外国专家来我院讲学，并聘请日本筑波大学教授、日本设计学会会长原田昭，日本设计师八鸟治久，东京艺术大学美术学部部长六角鬼丈为美术学院客座教授，聘请日本染织协会理事长渡部裕子为美术学院名誉教授。2001年以来，先后授予张道一、靳埭强等为美术学院客座教授。2002年10月，授予平山郁夫清华大学名誉教授称号。

2002年以来，留学生人数大幅度增加。学院派出教师赴欧美、东南亚10多个国家进行学术研讨、考察交流、访问进修等学术活动数百人次，并多次在国外成功地举办师生作品展，既拓宽了学院自身的学术视野，也扩大了学院在国际上的影响。学院在国内学术交流的基础上，加强国际学术交流，尤其是加强与具有领先水平的国际同行之间的学术交流，增强美术学院在国内和国际学术界的知名度和影响力。2007—2010年，举办了120余次国内或国际学术展览、研讨会。

同时，积极邀请国内外专家教授任课或讲学。2005年以来，举办国内外主要学术讲座共计400余场次。例如2009年10—11月，我院举办首届"清华国际艺术·设计学术月"，主题是"国际设计教育与设计创新"，邀请美国卡耐基·梅隆大学设计学院前院长丹·博雅斯基，美国设计战略咨询、策划专家高登·布鲁斯，芬兰赫尔辛基艺术设计大学前任校长约里奥·索特马，美国帕森斯艺术设计学院院长西蒙·考林斯，英国皇家艺术学院媒体艺术设计学院院长丹·费恩，日本金泽美术工艺大学前任校长平野拓夫、札幌市立大学校长原田昭7位国际艺术与设计领域的专家举办具有较高学术水准的系列讲座，同时举办7场与相关专业学生的座谈。

5. 作品获奖

学院教师和科研创作人员积极参加各类学术和创作活动，取得为数众多的奖项。自1999年第九届全国美术作品展览增设艺术设计门类后，我院有许多教师获得了全国美展艺术设计奖的金奖和银奖。其中，1999年，郑曙旸、李凤崧、刘铁军、杨冬江、张伟、林洋设计的《国务院接待楼室内环境艺术设计》，获第九届全国美展金奖；柳冠中、杨霖、严扬、蒋红斌、刘志国设计的《移动电话概念设计》，获第九届全国美展银奖。2004

1999年，郑曙旸、李凤崧、刘铁军、杨冬江、张伟、林洋设计的《国务院接待楼室内环境艺术设计》获第九届全国美展金奖

2004年，李薇设计的《夜与昼服装系列》获第十届全国美展金奖

2004年，高峰设计的《故乡情组器之一——涌波》，获第十届全国美展金奖

1999年，黄维设计的"王致和"腐乳包装获世界包装组织颁发的"世界之星"包装设计奖

《中国公路零公里点标志》，华健心、周岳设计，2006年

年，高峰设计的《故乡情组器之一——涌波》和李薇设计的《夜与昼服装系列》，获第十届全国美展金奖；王红卫和吕淳的书籍装帧《传承与超越》、唐绪祥设计的《咖啡具》、蔡军和王小龙的工业设计作品《明@style》、白小华创作的漆画《午门瑞雪》、叶健创作的油画《轮》，获第十届全国美展银奖。2009年，刘希倬创作（合作）的壁画《淮海战役》获第十一届全国美展（壁画）金奖；马赛设计的电线收纳器，获第十一届全国美展（艺术设计）银奖。

1999年，黄维设计的"王致和"腐乳包装获世界包装组织颁发的"世界之星"包装设计奖。2004年，孙玉敏的国画《求》、曾成钢的雕塑《圣火接力》分别获国际奥委会体育与奥林匹克教育委员会举办的"2004年奥林匹克体育与艺术大赛"绘画类一等奖、雕塑类二等奖。2005年，

2005年，学生马彦设计的首饰获23届巴黎国际青年时装设计师大赛首饰类金奖

2005年，何洁、陈磊、冯小红设计的《凤凰奇境》酒包装获世界包装组织颁发的"世界之星"包装设计奖

何洁、陈磊、冯小红设计的《凤凰奇境》获世界包装组织颁发的"世界之星"包装设计奖。2009年，邓伟在希腊雅典被授予"索菲奖"，是获得该奖的第一个中国人。2010年，赵超为博奥生物有限公司暨生物芯片北京国家工程研究中心设计的微阵列芯片分析系统Array Compass获得德国Reddot Product Design 奖（红点奖）。同年，陈辉的中国画《中国画》获北京国际双年展优秀作品奖。

2002年，染织服装艺术设计系学生曹强设计的时装《花》，获第二十届巴黎国际青年时装设计师大赛服装类金奖

2000年以来，我院学生在国内、国际的艺术、美术竞赛和展览中屡创佳绩。其中包括：2002年，染织服装艺术设计系学生曹强设计的时装《花》，获得第二十届巴黎国际青年时装设计师大赛服装类金奖。2004年，工业设计系研究生郑毅、施佳等设计的《汽车概念

2004年，工业设计系学生施嘉、王越越的"V-Campo"概念车设计方案获德国福茨海姆国际汽车设计竞赛最佳商业策划奖

2005年，染织服装艺术设计系学生王芳获中国国际家用纺织品设计大赛金奖

设计》，获得北美汽车设计竞赛集体奖；2004年，吴迪获首届中国国际青年裘皮服装设计大赛金奖，马晓诺获第四届全国纺织品设计大赛一等奖；2005年，染织服装艺术设计系学生马彦设计的首饰，获第23届巴黎国际青年时装设计师大赛首饰类金奖；2005年，李英获首届"设计之星"全国大学生优秀平面设计作品展一等奖；2006年，王子凌获第二届"设计之星"全国大学生优秀创意设计作品展一等奖，姜帅获中国纺织面料暨花样设计大赛金奖，石成的《女儿红》获首届中国国际日用、工艺玻璃制品设计大赛金奖；2007年，姚函江的《C&C》获"红点"概念设计奖。2008年，夏芒的《草本花洒沐浴设计》获"红点"概念设计至尊奖。2009年，丁美元、于广雯、孙晓雯、都人华设计的《Day and Night Marks》，获"红点"概念设计奖。

6. 院庆五十周年活动与学术思想丛书

　　2006年时值院庆五十周年，学院举行一系列院庆活动。2005年12月，院史编修组成立，由杭间主持。2006年3月，院史编修组开始访谈老先生，整理档案资料，编辑《传统与学术——院史资料集》，编修《清华大学美术学院（原中央工艺美术学院）简史（征求意见稿）》，总结学院的发展历程，梳理学院的学术传统。2006年9月至2007年1月，先后举办祝大年作品展暨艺术教育研讨会、张仃艺术作品与艺术教育研讨会、庞薰琹先生诞辰一百周年作品展暨艺术教育研讨会、吴冠中2006年新作展暨艺术教育研讨会、袁运甫作品展暨艺术教育研讨会，展览先生的经典作品，回顾先生的艺术追求与贡献。

　　2006年11月1日，庆祝建院五十周年典礼在大学礼堂举行。原轻工业部部长杨波，中国轻工业联合会会长陈士能，中国纺织工业协会会长杜钰洲，国务院派驻重点大型企业监事会主席朱焘，教育部副部长李卫红，中国文学艺术界联合会副主席冯远，中国美术家协会党组书记、常务副主席刘大为等上级领导；日本多摩美术大学、东京艺术大学、美国麻省艺术大学、英国伦敦艺术大学、香港理工大学、中国美术馆、中央美术学院等海内外兄弟艺术院校和友好机构代表；清华大学和原中央工艺美术学院老领导张仃、王大中、贺美英、常沙娜、林少岩、赵亮宏，校长顾秉林，党委书记陈希，校务委员会副主任王明旨，副校长张

2006年11月1日，庆祝建院五十周年大会

祝大年作品展暨艺术教育研讨会海报，王红卫设计，2006年

庞薰琹作品展暨艺术教育研讨会海报，王红卫设计，2006年

凤昌、谢维和，以及校内有关代表等参加庆祝大会。院长李当岐在大会致词，回顾学院50年的发展历程，并对关心和支持美术学院发展的社会各界人士表示感谢。校长顾秉林代表学校对美术学院建院五十周年表示祝贺，并对学院今后的发展提出几点希望：继承和发扬优良传统，坚持正确的办学理念；探索符合自身特点的发展道路，建立有中国特色、中国风格和中国气派的艺术与设计学派；遵循艺术教育的规律，努力造就一批创新人才。会上，学院宣布设立以老院长张仃教授的名字命名的校友励学金"张仃励学金"，旨在激励学院学生勤奋学习，尤其是帮助家庭经济困难的同学顺利完成学业。作为庆典活动的组成部分，"21世纪高校艺术教育展望——国际艺术教育论坛"在学院同日举行。

此外，学院还举行院史陈列展，拍摄五十周年院庆纪录片《行知合一——为人生而艺术》，出版《清华大学美术学院（原中央工艺美术学院）建院五十周年教师作品集》、《50情怀——记忆中的中央工艺美术学院》；学院学术刊物《装饰》、《清华美术》亦先后出版院庆五十周年专刊。

2009年5月，为了整理中央工艺美术学院以来的艺术传统，构建清华大学美术学院的学术思想体系，在保存和研究的基础上，扩大学院的影响力，为进一步创新打下基础，学院决定出版《清华大学美术学院学术思想丛书》。丛书编委会由学院学术委员会委员组成，王明旨任主编，杭间任常务副主编，院史办公室负责组织编辑工作。2010年底，丛书在学院和老先生及家属的支持下完成第一辑初稿，计14本文集：《张仃文集》、《张光宇文集》、《雷圭元文集》、《吴劳文集》、《吴冠中文集》、《尚爱松文集》、《王家树文集》、《邱陵文集》、《常沙娜文集》、《田自秉文集》、《何燕明文集》、《吴达志

2006年，吴冠中（右）在艺术教育研讨会上回答学生提问

2006年10月，张仃作品展暨艺术教育研讨会开幕式

2006年12月，袁运甫作品展暨艺术教育研讨会开幕式

文集》、《黄能馥文集》、《奚静之文集》，并更名为《中国现代艺术与设计学术思想丛书》。2011年4月，丛书由山东美术出版社出版。此外，列入第一辑出版计划的还有《庞薰琹文集》、《郑可文集》。

展望未来，在全球化的时代背景下，学院将转变观念，以新的视角和创新意识迎接新的挑战，抓住历史发展机遇，不断深化教育教学改革，在学校跻身世界一流大学的战略目标下，为建设成为世界著名美术学院而努力奋斗，培养出具有全球视野，符合时代要求的复合型、创新型艺术与设计人才，为国家经济建设与文化发展作出新的贡献。

附录一

学院历任行政与党委
主要负责人及任职时间

学院历任行政主要负责人及任职时间

姓　名	职　务	任职时间
邓　洁	院　长	1956.11—1966.6
雷圭元	副院长	1956.11—1966.6
庞薰琹	副院长	1956.11—1957.10
王景瑞	副院长	1957.2—1957.5
陈叔亮	副院长	1957.10—1966.6
张　仃	副院长	1957.10—1966.6
刘鸿达	副院长	1961.4—1966.6
陈叔亮	院复校临时领导小组组长	1973.9—1974.10
王建邦	副组长	1973.9—1974.10
陆振声	副组长	1973.9—1974.10
杨　庥	副组长	1973.9—1974.10
姚秦城	院临时领导核心小组组长	1974.10—1978.5
傅石霞	副组长	1974.10—1978.5
罗扬实	副组长	1974.10—1978.5
	组　长	1978.5—1979.5
张　仃	院　长	1979.5—1983.4
陈叔亮	副院长	1979.5—1982.12
雷圭元	副院长	1979.5—1982.12
庞薰琹	副院长	1979.5—1982.12
吴　劳	副院长	1979.5—1984.9

续表

姓　名	职　务	任职时间
阿　老	副院长	1979.5—1982.12
方振远	副院长	1979.5—1982.12
张瑞增	副院长	1981.8—1984.5
李绵璐	副院长	1981.8—1990.5
常沙娜	副院长	1981.8—1983.4
	院　长	1983.4—1997.12
计惜英	副院长	1982.9—1984.9
张世礼	副院长	1985.4—1992.12
林义成	副院长	1986.3—1990.5
王明旨	副院长	1990.5—1997.12
	院　长	1997.12—1999.11
王忠信	副院长	1990.5—1997.12
杨永善	副院长	1993.1—1999.11
才大颖	副院长	1997.12—1999.11
刘增璞	副院长	1997.12—1999.11
王明旨	清华大学副校长	1999.11—2004.2
	美术学院院长	1999.11—2005.1
王国伦	副院长	1999.12—2002.5
刘巨德	副院长	1999.12—2005.1

续表

姓　名	职　务	任职时间
李当岐	副院长	1999.12—2003.2
	院　长	2005.1— 2008.7
鲁晓波	副院长	2002.5—2005.1
卢新华	副院长	2002.5— 2008.7
何　洁	副院长	2003.1—
郑曙旸	副院长	2005.1— 2008.7
包　林	副院长	2005.1— 2008.7
赵　萌	副院长	2005.1—
冯　远	名誉院长	2008.7—
郑曙旸	常务副院长	2008.7—
杭　间	副院长	2008.7—
李功强	副院长	2008.7—

学院历任党委主要负责人及任职时间

姓　名	职　务	任职时间
邓　洁	党支部书记	1956.11—1957.10
王云凤	党支部副书记	1956.11—1957.10
陈叔亮	党支部书记	1957.10—1958.3
	党总支第二书记	1959.1—1961.4
	党委副书记	1961.4—1966.6
王景瑞	党支部副书记	1957.2—1957.5
张　仃	党总支第一书记	1959.1—1961.4
李曙明	党总支副书记	1959.1—1961.4
刘鸿达	党委书记	1961.4—1966.6
姚泰城	党的核心小组组长	1975.4—1978.5
付石霞	副组长	1975.4—1978.5
王建邦	副组长	1975.4—1978.5
陆振声	副组长	1975.4—1978.5
翟树成	副组长	1975.4—1978.5
罗扬实	党委书记	1978.5—1982.10
杨少先	副书记	1978.12—1983.5
计惜英	副书记	1982.9—1983.4
	代理党委书记	1983.4—1984.9
昭　隆	副书记	1982.12—1984.12
	党委书记兼纪委书记	1987.2—1992.3
蔡诚秀	党委副书记	1982.12—1985.12
周显东	党委书记	1984.9—1986.12
任维武	党委副书记	1985.4—1988.12

续表

姓　名	职　务	任职时间
高沛明	党委副书记	1989.6—1999.11
张铁山	纪委副书记	1989.6—1993.1
	纪委书记	1993.1—1999.11
林少岩	党委副书记	1991.8—1993.1
	党委书记	1993.1—1996.6
赵亮宏	党委书记	1997.12—1999.11
王庆霖	副书记	1997.12—1999.11
朱仙油	副书记	1997.12—1999.11
张凤昌	美术学院党委书记	1999.11—2003.1
高沛明	副书记	1999.11—2005.1
李当岐	党委书记	2003.1—2005.1
王进展	副书记	2001.4—2005.1
	党委书记	2005.1— 2007.12
鲁晓波	副书记	2005.1— 2011.1
何　洁	副书记	2005.1— 2011.1
李功强	副书记	2005.5—
李当岐	党委书记	2007.12—2011
鲁晓波	党委书记	2011.1—
邹　欣	副书记	2011.1—

附录二

学院教学部门建制沿革和历任负责人

染织服装艺术设计系

染织服装艺术设计系历任负责人

教学部门建制沿革		历任负责人		
部门名称	建制沿革	负责人	职务	任职时间
染织系	1956 年 11 月成立	柴扉	主任	1956—1958
		程尚仁	副主任	1957.9—1966
染织美术系	1961 年更名	程尚仁	主任	1979.11—1980.1
		温练昌	主任	1980.9—1984
		常沙娜	副主任	1979—1980
		白崇礼	副主任	1979—1984
染织设计系	1984 年服装设计专业分出，更名	温练昌	主任	1984.9—1991
		李永平	副主任	1984.9—1991
		崔栋良	副主任	1985.4—1987
		林乐成	副主任	1988.3—1991
染织服装设计系	1991 年染织设计系与服装设计系合并	李当岐	副主任	1991.1—1993
		林乐成	副主任	1991.1—1995
		刘元风	副主任	1991.1—1995
染织服装艺术设计系	1994 年更名	刘元风	主任	1995—1999.12
		田青	副主任	1993—1999.12
		刘元风	主任	1999—2002.9
		田青	副主任	1999—2002.9

续表

教学部门建制沿革		历任负责人		
染织服装艺术设计系	1994 年更名	田　青	主　任	2002.9—2006.4
		肖文陵	副主任	2002.9—2006.4
		贾京生	副主任	2002.9—2006.4
		肖文陵	主　任	2006.4—
		王　悦	副主任	2006.4—2009.7
		李莉婷	副主任	2008.5—
		张宝华	副主任	2009.7—

服装设计系历任负责人

教学部门建制沿革		历任负责人		
部门名称	建制沿革	负责人	职务	任职时间
服装设计系	1984 年 7 月成立	白崇礼	副主任	1984—1986
		袁杰英	副主任	1984.9—1986
		魏雪晶	副主任	1984.9—1988.7
		袁杰英	主　任	1986.4—1990
		李当岐	副主任	1986—1990
		刘元风	副主任	1988.7—1991

染织美术系历任党支部书记

姓　名	任职时间
刘同启	1957—1963
王云凤	1964—1966
陈　寒	1977—1978
张殿华	1978—1983
朱　训	1984 —1991

服装设计系历任党支部书记

姓　名	任职时间
魏雪晶	1984.9—1986.3
白　力	1986.4—1988.3
杜拥平	1988.3—1990.12
马抗美	1990.12—1991

染织服装设计系历任党支部书记

姓　名	任职时间
马抗美	1991.1—1999.11
田　青	1999.11—2009.3
李迎军	2009.3—

陶瓷艺术设计系

陶瓷艺术设计系历任负责人

教学部门建制沿革		历任负责人		
部门名称	建制沿革	负责人	职　务	任职时间
陶瓷系	1956 年 11 月成立	祝大年	主　任	1956—1958
		梅健鹰	副主任	1957—1966
		王舒冰	副主任	1961—1966
陶瓷美术系	1961 年更名	梅健鹰	主　任	1975—1981
		陈若菊	副主任	1979—1982
		陈若菊	主　任	1982—1987.9
		张守智	副主任	1982—1986
		杨永善	副主任	1986—1987
		高沛明	副主任	1987—1988
陶瓷设计系	1988 年更名	杨永善	主　任	1987.9—1993
		李　泓	副主任	1988—1991
		陈进海	副主任	1991—1995
		王建中	副主任	1993—1999
陶瓷艺术设计系	1994 年更名	陈进海	主　任	1995—2006
		郑　宁	副主任	2000.1—2006.4
		郑　宁	主　任	2006.4—
		李正安	副主任	2006.4—2009.7
		李　泓	副主任	2007.11—2009.7
		章　星	副主任	2009.7—

陶瓷艺术设计系历任党支部书记

姓　名	任职时间
翟树成	1958—1960
王云凤	1960.8—1961.12
王舒冰	1961.12—1966
王舒冰	1977—1982
李葆年	1983—1984
高沛明	1984—1987
苏荣久	1987.2—1991.9
陈启明	1991.9—2000.10
陈进海	2000.10—2002.3
邱耿钰	2002.3—2007.11
李　泓	2007.11—

装潢艺术设计系

装潢艺术设计系历任负责人

教学部门建制沿革		历任负责人		
部门名称	建制沿革	负责人	职务	任职时间
装潢设计系	1956 年 11 月成立	袁　迈	代主任	1956—1957
		袁　迈	负责人	1957.10
装饰工艺系	1957 年装潢设计系与室内装饰系合并	徐振鹏	负责人	1957—1958
装饰绘画系	1958 年更名	吴　劳	主　任	1958—1966
		袁　迈	副主任	1958—1966
		梁速征	副主任	1961—1966
装潢美术系	1975 年更名	袁　迈	代主任	1979—
		阿　老	主　任	1979.11—1982
		黄国强	副主任	1979—1985
		邱承德	副主任	1979—1982
		邱　陵	主　任	1980
		陈汉民	主　任	1982.12—1985
装潢设计系	1985 年书籍装帧专业分出，更名 1990 年 3 月书籍艺术系并入	陈汉民	主　任	1985—1992
		冯　梅	副主任	1985—1987
		王国伦	副主任	1987—1992
		王国伦	主　任	1992—1999
		何　洁	副主任	1990.3—1999.12

续表

教学部门建制沿革		历任负责人		
装潢艺术设计系	1994 年更名	何　洁	主　任	1998.4—1999.11
		华健心	副主任	1998..4—1999.11
		何　洁	主　任	1999.12—2005.3
		华健心	副主任	2000.1—2005.3
		马　泉	副主任	2003.1—2005.3
		张歌明	副主任	2005.3—2008.11
		吴冠英	副主任	2003.1—2005.3
视觉传达设计系	2009 年 10 月更名	马　泉	主　任	2005.3—
		千　哲	副主任	2005—
		赵　健	副主任	2008.11—

装潢艺术设计系历任党支部书记

姓 名	任职时间
王玉池	1956—1957
黄凤琴	1958—1959
梁速征	1961—1966
	1979.11—1981
阿 老	1981—1983
余秉楠	1983.1—1986
冯 梅	1986—1988
周 琴	1988.11—1990.1
张永华	1990.2—1999
华健心	1999—2010.4
祖乃甡	2010.4—

书籍艺术系

书籍艺术系历任负责人

教学部门建制沿革		历任负责人		
部门名称	建制沿革	负责人	职务	任职时间
书籍艺术系	1985 年 12 月成立	余秉楠	主　任	1985.12—1990
		黄国强	副主任	1985.12—1989
	1990 年 3 月并入装潢设计系	张永华	副主任	1988.11—1990.3

书籍艺术系历任党支部书记

姓　名	任职时间
余秉楠	1986.2—1986.8
张永华	1986.8—1990.1

环境艺术设计系

环境艺术设计系历任负责人

教学部门建制沿革		历任负责人		
部门名称	建制沿革	负责人	职务	任职时间
室内装饰系	1957 年成立	徐振鹏	主　任	1957
装饰工艺系	1957 年 10 月更名	徐振鹏	负责人	1957—1958
室内装饰系	1958 年更名	徐振鹏	负责人	1958—1960
建筑装饰系	1960 年更名	徐振鹏	主　任	1960—1966
工业美术系	1975 年更名	奚小彭	副主任	1979—1984
		潘昌侯	副主任	1977—1982
		栾克扬	副主任	1979—1984
		潘昌侯	主　任	1982—1984
		胡文彦	副主任	1982—1984
室内设计系	1984 年更名	张世礼	主　任	1984.9—1986.8
		何镇强	副主任	1984—1986
		张绮曼	主　任	1986.8—1988
		李凤崧	副主任	1986—1988
环境艺术设计系	1988 年更名	张绮曼	主　任	1988—1999
		李凤崧	副主任	1988—1999
		郑曙旸	副主任	1991—1999.12
	1999 年并入清华大学后同名	郑曙旸	主　任	1999.12—2005
		苏　丹	副主任	2000.1—2005
		苏　丹	主　任	2005.3—
		张　月	副主任	2005.3—
		杨冬江	副主任	2008.11—

环境艺术设计系历任党支部书记

姓　名	任职时间
胡文彦	1957—1958
兰　冰	1959—1966
	1976—1977
叶振华	1977—1978
栾克扬	1979—1979
朱瑞琛	1979—1983
刘怀顺	1983—1986
陈国相	1986.4—1991.9
苏荣久	1991.9—1994
李凤崧	1994—1995
梁乐宜	1995—2000.10
郑曙旸	2000.10—2001
宋立民	2001—2007.11
周浩明	2007.11—

工业设计系

工业设计系历任负责人

教学部门建制沿革		历任负责人		
部门名称	建制沿革	负责人	职务	任职时间
工业设计系	1984 年由工业美术系分出成立	柳冠中	主　任	1984—1999
		王明旨	副主任	1984—1987
		袁智聰	副主任	1987—1988
		韩　斌	副主任	1989—1991
		鲁晓波	副主任	1990—1999
		罗　越	副主任	1991—1999
	1999 年并入清华大学后同名	鲁晓波	主　任	1999.12—2002
		严　扬	副主任	2000.1—2002
		严　扬	主　任	2002.6—2006.4
		刘振生	副主任	2002—2009.7
		蔡　军	主　任	2006.4—2009.7
		史习平	副主任	2006.4—2009.7
		刘振生	主　任	2009.7—
		刘志国	副主任	2009.7—
		赵　超	副主任	2009.7—

工业设计系历任党支部书记

姓　名	任职时间
刘怀顺	1984—1989
刘　星	1989—1991.6
甄秋华	1991.6—1999
鲁晓波	1999—2001
史习平	2001—2008.5
马　赛	2008.5—

艺术史论系

艺术史论系历任负责人

教学部门建制沿革		历任负责人		
部门名称	建制沿革	负责人	职务	任职时间
工艺美术史系	1983年成立	奚静之	主　任	1983—1988
		田自秉	副主任	1983—1987
工艺美术史论系	1988年更名	奚静之	主　任	1988—1993
		陈瑞林	副主任	1988.7—1992.6
工艺美术学系	1993年更名	奚静之	主　任	1993—1996
		张夫也	副主任	1992.6—1999.11
艺术设计学系	1999年更名	李砚祖	副主任	1996—1999
		赵　萌	副主任	1996—1999
		刘巨德	主　任	1999—2001
		杭　间	副主任	2000—2001
艺术史论系	2001年更名	杭　间	主　任	2001—2007.1
		尚　刚	副主任	2001—2007.1
		张　敢	副主任	2003—
		张夫也	主　任	2007.1—

艺术史论系历任党支部书记

姓　名	任职时间
白　伦	1983—1986
马文祖	1987.4—1990.7
梁乐宜	1990—1993
原维林	1993—2002
张夫也	2002—2007.9
杨　阳	2007.9—

装饰艺术系

装饰艺术系历任负责人

教学部门建制沿革		历任负责人		
部门名称	建制沿革	负责人	职务	任职时间
特种工艺美术系	1975年成立	袁运甫	副主任	1979—1982
		权正环	副主任	1979—1984
		袁运甫	主任	1982—1988
		乔十光	副主任	1985—1988
		杜大恺	副主任	1985—1988
装饰艺术系	1988年更名	袁运甫	主任	1988.5—1993.11
		张锠	主任	1993.11—1999.11
		杜大恺	副主任	1988.5—1999.11
		吴晞	副主任	1988.7—1989.10
		李德利	副主任	1990.6—1999.5
		刘巨德	副主任	1993.11—1999.11
1999年12月，在装饰艺术系的基础上分别成立绘画系、雕塑系、工艺美术系				

装饰艺术系历任党支部书记

姓　名	任职时间
李　骐	1975.5—1978.2
白振欧	1978.3—1983
何燕明	1983.1—1985.7
张　锟	1985.7—1987
姜沛然	1987.10—1989
刘怀顺	1989.6—1997.10
马腾文	1997.10—1999.11

绘画系

绘画系历任负责人

教学部门建制沿革		历任负责人		
部门名称	建制沿革	负责人	职务	任职时间
绘画系	1999年成立	杜大恺	主任	1999.12—2005
		邱百平	副主任	2000.1—2005
		石冲	副主任	2003—2005
		包林	主任（兼）	2005.10—2008.11
		刘临	常务副主任	2005—2008.11
		代大权	副主任	2005—2008.11
		昕东旺	副主任	2005—2008.11
		王宏剑	主任	2008.11—
		刘临	副主任	2008.11—
		郗海飞	副主任	2008.11—

绘画系历任党支部书记

姓 名	任职时间
邱百平	1999—2005
刘临	2005—

雕塑系

雕塑系历任负责人

教学部门建制沿革		历任负责人		
部门名称	建制沿革	负责人	职务	任职时间
雕塑系	1999年成立	赵　萌	主　任	1999.12—2005
		王培波	主　任	2005.3—2008.11
		董书兵	副主任	2005—
		曾成钢	主　任	2008.11—

雕塑系历任党支部书记

姓　名	任职时间
杜宏宇	1999.11—2007.11
王洪亮	2007.11—

工艺美术系

工艺美术系历任负责人

教学部门建制沿革		历任负责人		
部门名称	建制沿革	负责人	职务	任职时间
工艺美术系	1999 年成立	赵　萌	主　任	1999.12—2005
		王培波	主　任	1999.12—2005
		程向君	副主任	2000.1—2005
		洪兴宇	主　任	2005.4—
		李　鲤	副主任	2005—2007.11
		王建中	副主任	2007.11—

工艺美术系历任党支部书记

姓　名	任职时间
程向君	1999—2002.3
王建中	2002.3—

信息艺术设计系

信息艺术设计系历任负责人

教学部门建制沿革		历任负责人		
部门名称	建制沿革	负责人	职务	任职时间
信息艺术设计系	2005 年成立	鲁晓波	主　任	2005.7—
		吴冠英	副主任	2005.7—2006.3
		付志勇	副主任	2005.7—

信息艺术设计系历任党支部书记

姓　名	任职时间
吴冠英	2005.7—2006.3
付志勇	2006.3—

绘画基础教研室

绘画基础教研室历任负责人

教学部门建制沿革		历任负责人		
部门名称	建制沿革	负责人	职务	任职时间
绘画教研室	1956 年成立	张振仕	主　任	1956—1958
绘画基础教研室	1984 年成立，1988 年并入基础部	权正环	主　任	1984—1987
		庄寿红	副主任	1984—1990
		刘永明	副主任	1984—1990
		侯德昌	主　任	1987—1988
		邱百平	副主任	1987—1988
基础教研室	2002 年成立	陈　辉	主　任	2002—
		李家骝	副主任	2003—2009.7
		李　睦	副主任	2006—2009.7
		邱　松	副主任	2009.7—
		袁　佐	副主任	2009.7—

绘画基础教研室历任党支部书记

姓　名	任职时间
庄寿红	1984.4—1985.8
梁乐宜	1985.6—1987
邱百平	1987—1988
蒋智南	2002—

共同课、马列教研室

马列教研室历任负责人

教学部门建制沿革		历任负责人		
部门名称	建制沿革	负责人	职务	任职时间
共同课教研室	1956 年成立	刘鸿达	主　任	1960
		杨子美	主　任	1960—1966
		杨子美	主　任	1979—1984
		奚静之	副主任	1979—1983
马列教研室	1984 年成立	杨子美	主　任	1984—1988
		蔡厚菊	副主任	1984—1988
政治文化教研室	1988 年 7 月成立，1989 年 9 月更名为文化基础教研室，1997 年 12 月更名为体育外语教研室	蔡厚菊	主　任	1988.7—1989.9
		袁智聪	主　任	1989.9—1991.6
		郭莲莲	副主任	1988.7—1995
		史凌生	副主体	1997.12—1999
		包　容	副主任	1997.12—1999
马克思主义及德育教研室	1989 年 9 月成立，1991 年更名为马列教研室	蔡厚菊	主　任	1989.9—1996.9
		白　力	副主任	1989.9—1991.9
		侯铁桥	副主任	1991.12—1995.2
德育教研室	1991 年 9 月成立	白　力	副主任	1991.9—1992.11
		白　力	主　任	1992.11—1995.2
		杜拥平	主　任	1995.2—1996.9
社会科学部	1996 年 9 月马列教研室与德育教研室合并	蔡厚菊	主　任	1996.9—1997.2
		刘淑岷	副主任	1996.9—1998
		侯铁桥	副主任	1996.9—1999
		夏凯平	主　任	1998.6—1999

马列教研室历任党支部书记

姓　名	任职时间
徐莽生	1983—1987.10
夏凯平	1987.10—1994
刘淑岷	1994—1996
杜拥平	1996—1999

基础部

基础部历任负责人

教学部门建制沿革		历任负责人		
部门名称	建制沿革	负责人	职务	任职时间
基础部	1988年建立，1999年撤销	黄国强	主 任	1988—1992
		辛华泉	副主任	1988—1989
		袁智聪	副主任	1989—1991
		高沛明	副主任	1988—1989
		吴 晞	副主任	1989—1992
		崔栋良	主 任	1993—1994
		陈钦理	副主任	1993—1994
		李当岐	副主任	1994—1999
		邱百平	主 任	1994—1999
		陈 辉	副主任	1994—1999

基础部历任党总支书记

姓 名	任职时间
高沛明	1988.7—1989
吴 晞	1989.11—1990.7
马文祖	1990.7—1995
李大友	1995—1998
李当岐	1998—1999

成人教育部

成人教育部历任负责人

教学部门建制沿革		历任负责人		
部门名称	建制沿革	负责人	职务	任职时间
成人教育部	1991年成立，2006年撤销	王明旨	主　任	1991—2000
		袁智聪	副主任	1991—1997
		张廷禄	副主任	1991—1992
		韩　斌	副主任	1993.6—2000.1
		雷向云	副主任	1998—2000
		雷向云	主　任	2000—2003
		李　泓	副主任	1999—2003
		李　泓	主　任	2003—2006.4
		秦寄岗	副主任	1997—2006.4
		陈晓林	副主任	2003—2006.4

成人教育部历任党支部书记

姓　名	任职时间
雷向云	1998.11—2000.4
马腾文	2000.4—2005.4
刘金池	2005.4—2006.3

后 记

　　这部《清华大学美术学院（原中央工艺美术学院）简史》（以下简称"《简史》"），是集中大家的力量编成的。如果从常沙娜先生任院长时为迎接中央工艺美术学院三十周年校庆时编就的《院史》算起，学院编院史的历史，已经有二十余年了。

　　但一届又一届的学生毕业，一代又一代的教职工退休、离休，《院史》却始终处在征求意见之中，没有正式出版，因而它流传不广。1999年下半年，中央工艺美术学院并入清华大学成为清华大学美术学院后，随着全体师生迁入清华园新教学大楼，十余年来，学院的历史线索和学术传统渐渐被年轻的学生陌生，请原谅我用了这个文法不通的"被……陌生"句子，事实正是如此，"被"的含义是多方面的，原因既在学院也在学生，在清华大学这样一个十分强调学术传统的校园里，如果"美术学院"仅被认为是一个新近加入的为清华大学建设世界一流综合大学"锦上添花"的学院，无疑是遗憾的。

　　作为中国第一所现代设计学院，中央工艺美术学院有过辉煌的历史和独自的意义，虽然《简史》还不是完全意义上的艺术史，但它至少是艺术教育史，它能客观描述一所学院如在大历史的背景下，与社会各种因素发生关系，展开并实践自己的艺术教育理念。而"工艺美术"和"设计"在现代中国是如此特殊，它既像是一滴极为普通水，又像是一颗极为珍贵的钻石，反映和折射了中国人的全部生活和艺术的追求。半个世纪并不遥远，但每个人都有自己记忆的方式和观察角度，今天的许多当事人面对同一件事也常常呈现出的是不同记忆的碎片，因此《简史》与其他的"大历史"一样，是一种永远未完成的叙述。

但现在，时间"长度"已经不是过去概念了，"遗忘"是这个信息时代最大的"现象"之一，时不我待，我们决定先将它付诸出版，所有疏漏的发现，应以更多的人能够读到为前提。

要感谢几代院史编写者为此做出的努力。很少有人会完全体会，一个事实的漫长考证，也许在书中只占一行，而绝大多数读者会在理所当然的不经意中读过，但错误的发现却是令人愤怒的，没有原谅的余地。因此，请首先向他们表示敬意然后再毫不留情指出。我要记下这些名字，汪钰林老师是最初版本《院史》的执笔者，这其中，有数不清的教职工、校友为此贡献心力；以后几次修订，何燕明、李砚祖老师及笔者是主要的参与者；而这次，在张京生老师的具体负责下，郭秋惠、王丽丹、滕晓铂、武晓燕分别写出了不同年代的初稿，在近两年来的时间，郭秋惠老师在张京生老师的帮助下，重新查阅文献和资料，根据陆续返回的意见作了数次修订和补充。他们的工作都是业余时间的、无偿的，包括校友、北京服装学院的彭璐老师在书籍设计（封面和内文图文设计等）的贡献，都源于一种对母校的感情。

还要特别感谢清华大学百年校庆筹备领导组，主动将《清华大学美术学院（原中央工艺美术学院）简史》列为校庆的出版计划，在清华大学出版社的支持下，促成了《简史》的正式出版。

杭 间

2011年3月19日记于北京朝阳区望京

Academy of Arts & Design, Tsinghua University